희곡 작가 이반이 선사하는 53가지 재담
단편소설 · 꽁트 모음집

보고 싶은 사람들

'탄생'을 첫 이야기로 앞에 넣었다. 젊은 시절 쓴 것인데, 교직 생활 어지간히 하고, 아이들도 자라면서 삶에 이유모를 공허가 들어서던 차에 새롭게 태어나자는 심정으로 선언문 쓰듯 결연히 써 내려간 글이다. 이것을 십여 년도 더 지나 세상에 내어놓게 되니 세월의 흐름에 뒤쳐져 따라가는 느낌에 부끄러움을 감출 수 없다. 현란하다면 노을이요, 공감이 된다면 험한 세상 함께 보낸 탓이려니 한다.

어렸을 때 사소설이라는 일본 1인칭 소설을 읽었는데 평자들 중에는 사소설은 신변잡기에 지나지 않는다고 평하는 이들이 더러 있었다. 내 생각은 개인 경험이 지니고 있는 사실성이나 보편성을 독자와 함께 공유하고 싶은 욕구에서 그 같은 형식의 소설을 쓰지 않았나 하는 것이었다. 리얼리즘을 이야기할 때 전혀 다른 계곡 하나쯤은 할애해도 되지 않나 하는 생각인 것이다.

이십여년간 써온 것을 모아 정리한 작품이지만 담고 있는 이야기들은 평생 경험한 것들이다. 글이 발표될 때마다 전화 넣어주셨던 변선환, 조요한, 최명관 선생님의 격려가 그립다. 정종화, 박조열 선생님은 어떻게 보내시는지 이번에 상경하면 찾아뵈어야겠다. 대전에 계신 박영배 목사님과 김효숙 선생은 지난

주 속초에 들르셨다. 유동식, 이계준, 박명철, 손규태 선생도 안녕하시다는 소식을 들었다. 일본 극작가이며 출판인인 다가도 가나메(高堂 要) 선생은 타계하셨다.

속초에 내려와 산 지도 3년이 되었다. 글을 쓰기 위해 내려간다고 했지만 아직 만족할만한 글을 쓰지 못하고 있다.

영랑호 주변을 거닐 때면 자주 만나는 갈대숲의 백로와 쇠기러기들, 학 한 마리는 높이 솟은 청솔나무와 더불어 크고 근사한 백합 정원이 된다. 병풍처럼 둘러싸인 설악은 근엄하고 견고한 성이다. 장엄하게 펼쳐져 백두 동서녘의 자연과 생명체들을 감싼다. 바다는 사람들과 관계없이 언제나 그 자리에 있다. 전쟁 때와 그 후에 수만명을 먹여 살렸다.

속초 사람들에게는 텃세가 없다. 전국에서 모여든 모든 사람들을 끌어 안고 더불어 살아 왔다. 그것이 바다고 바다 정신이다.

이 가을에 주전골, 백담계곡, 도원계곡, 비선대, 어성전 냇가, 둔전 계곡 등을 걸었다. 한바퀴 도니 가을의 끝에 이르렀다. 김기순, 권영진, 김정섭 선생은 안녕하실까.

매일 책상에 앉아 글을 쓴다. 읽어주는 사람이 있건 없건 글을 쓴다. 어떤 형식의 글이 발표될 지 모르겠다.

출판사정이 여의치 않은 형편 속에서 이 책을 출판해 준 숭실대학교 이병덕 출판국장과 직원들에게 감사드린다.

2011년 11월

저자 이반

책을 내면서

작가 이반 단편소설과 꽁트 모음집을 편집하면서 놀란 점이 있다.

에피소드, 콘텐츠라고도 할 수 있는 이야기가 매우 많고 다양하다. 보통 한두 개의 소재나 주제로 단편이나 장편소설을 쓰는 것이 상례인데 이 모음집에는 50개 이상의 이야기가 있다.

단편이나 꽁트로 처리하기에는 아까운 스토리가 있는데도 과감히 작품의 끝을 정리한다. 정년을 맞은 노작가의 자전적 기록에 가까워 보인다. 작가는 자신이 살아온 시대의 충실한 증인이 되려 하는 것 같다. 그래서 이 작품 속에는 독자인 "나의 이야기"가 있다. 그뿐 아니라 작가가 살아온 긴 시간 속에서 관계한 사람과 자연에 대한 서술이 들어 있으니, '우리들의 이야기' 도 들어있는 셈이다. 작품이 단순성에 비해 무게가 느껴진다.

나의 고백' 이나 '우리들의 이야기' 는 경험하기 못한 또 하나의 세계로 우리를 이끈다.

문장은 현란하지도 화려하지 않다. 단순, 소박한 언어로 이야기를 끌고 가는 힘은 생을 관조하는 여유의 결과라 하겠다.

막힌 상황에서의 예기치 못한 방향으로의 이행은 이 모음집의 또 하나의 미덕이라 하겠다.

숭실대학교 편집국장 이병덕

담 一

01 탄생 12
02 촉새와 채찍 20
03 봄의 소리 25
04 삼대 30
05 내가 너에게 줄 수 있는 것은? 35
06 피난지에서 41
07 돼지 뽈 만세 47
08 여름 · 바다 · 구름 53
09 아버지와 아들 59
10 사탕 이야기 67
11 청혼 73
12 이상한 나라 80
13 그씨 正傳 84
14 이조인 (李朝人) 88
15 지등紙燈의 계절에 92
16 우리집 황소 96
17 갯바위의 꿈 100
18 마지막 의인 104

二

19 그들 생애의 어느 하오 110

20 그해 6월에서 10월까지 115

21 논개와 카산드라 120

22 어용, 무능, 그리고 124

23 사윗감 고르기 128

24 이조 여인들 132

25 내기의 끝 137

26 흙손 141

27 흙의 아들 145

28 호박씨 150

29 등산 동호인 156

30 배우를 찾습니다 160

31 커피 삽화 164

32 태극기 휘날리며 168

33 아침과 초코파이 174

34 두두와 또또 182

35 쓸쓸한 들녘 끝에서 186

36 어떤 자존심 193

37 악담 197

38 신데렐라 202

39 마지막 카드 207

三

40 권정생형의 아름다운 순간 212

41 무엇하나 건드리지 않고 세상 건너기. 226

42 랜드로버 237

43 야만의 삽화 1 242

44 야만의 삽화 2 246

45 야만의 삽화 3 250

46 영랑호 257

47 황소와 까치 263

48 망각과 여유 267

49 아테네 가는 길 272

50 제이(J)씨의 꿈 276

51 이팝과 고깃국 283

52 부부의 끈 290

53 오봉 가는 길 297

담 一

01 탄생
02 촉새와 채찍
03 봄의 소리
04 삼대
05 내가 너에게 줄 수 있는 것은?
06 피난지에서
07 돼지 뿔 만세
08 여름 · 바다 · 구름
09 아버지와 아들
10 사탕 이야기
11 청혼
12 이상한 나라
13 그씨 正傳
14 이조인 (李朝人)
15 지등紙燈의 계절에
16 우리집 황소
17 갯바위의 꿈
18 마지막 의인

탄생

함경산맥의 거대한 자태가 남쪽으로 향하다 동으로 굽으면서 한 산을 탄생시켰다. 후치령(厚峙嶺) 맥에 자리잡은 이 산은 향파산(香坡山) 또는 묘향산(妙香山)이라고도 하는데 산은 두 개의 물줄기의 발원지가 되었다. 아득한 옛날부터 흐르던 동대천과 서대천은 바위를 어루만지고 언덕을 밀어내어 넓은 평원을 만들었다. 그래서 사람들은 그곳을 홍원(洪源)이라고 했는데 남쪽과 동쪽으로는 푸른 바다가 펼쳐져 있었다.

홍원 전진 남흥리에는 천도(穿島)라는 커다란 암벽이 있는데 암벽은 남북으로 크게 구멍이 뚫려 무지개문 같기도 하고 돌다리를 연상시키기도 하는 절경을 이루었는데 파도가 암벽의 형상을 그렇게 만들었다고 해서 그런 이름이 생겼다고 한다. 동북으로 길게 뻗은 천도는 바다 가운데서 그리 높지 않은 바위들을 많이 박아두고 있었는데 초겨울이면 물개들이 몰려와 그 바위에 매달려 음산하게 울어댔다. 천도의 맨 위에는 등대가 있고 등대 밑에는 디딜방아간, 기와집과 초가집들이 머리를 맞대고 있었다.

홍원군 천도의 지형에 대하여 설명하는 이유는 이야기의 주인공이 바로 이 마을에서 태어났기 때문이다.

이 마을의 황 장사에게는 자녀가 여덟 명이나 있었는데 우리들의 주인공은 위로 오빠 두 명을 두고 밑으로 남동생 넷과 여동생 한 명을 둔 첫째 딸이었다.

세월이 평온했으면 그때 그녀는 시집을 갔거나 시집갈 날을 기다리며 다소곳이 눈이나 밑으로 깔고 한복이나 만지고 있었을 터인데 나라를 지배하던 일본인들은 이 조용한 포구의 바닷가 처녀를 그냥 내버려 두지 않았다.

다른 곳과 마찬가지로 이 마을의 젊은이들도 전쟁터의 병사 또는 보국대원으로 끌려 갔는데, 그때까지만 해도 마을은 싸움터에 나간 사람들의 생사에 대한 불안함과 그들이 떠남으로 해서 생긴 빈자리의 공허함이 있을 뿐 그런대로 살아가는 데 별 불편함이 없었다. 포구는 황금어장의 모항일 뿐 아니라 주위에 질 좋은 잡어 어장을 가지고 있어 항상 식탁이 넉넉했기 때문에 삶이 짜증스럽진 않았다. 노인들은 산이 깊고 강의 맑은 물이 바다로 흘러들고, 초목이 무성했기 때문에 그랬다고 했다.

서대천 하구의 바닷가는 명사가 수십리나 뻗어 있었고 그곳에는 봄부터 가을까지 해당화 꽃과 열매가 매우 아름다운 자태를 연출했는데 그 해당화 밭 뒤에 서 있는 해묵은 소나무와 소나무 가지에 매어달린 공기풀(풍란)의 청초함, 이런 것들이 한데 어우러진 해변의 풍경은 가히 장관이라 할 수 있었다. 이 해변의 새포벌은 이곳 사람들의 공동묘지로도 사용되었는데 밤이면 묘지 사이로 몰려다니던 마성내가 마을로 내려와 어린아이들을 공포에 떨게 했는데 그들의 음흉한 눈과 게걸스러운 입, 어슬렁거리는 자태, 스산한 울음소리는 마을 사람들의 기분을 일시에 잡쳐 버리게 했다.

일본 순사, 또는 그들의 앞잡이들은 공동묘지에서 밤에만 마을로 오는 마성내들과 마찬가지 꼴을 하고 읍에서 포구로 내려와 마을의 이곳저곳을 기웃거렸다.

맨 처음 그들이 마을에서 공출해 간 것은 정어리 기름이었다. 그들은 정어리 기름을 비행기의 연료로 썼기 때문에 태평양 전쟁이 일어난 다음부터는 더 기승을 부리며 긁어 모았다. 마을의 모든 남자들은 정어리 기름 공장으로 나가 부역에 혹사당해야 했다.

천왕폐하의 성전을 승리로 이끌기 위한 부역이니 예외란 있을 수 없었다. 정어리 어장의 주인인 황 장사도 부역에 동원되어 밤이면 정어리 기름에 찌들린 지친 몸을 씻지도 못하고 자리에 누워 신음하게 되었다. 아녀자들은 그때까지도 남편이나 아버지의 몸을 돌보거나 그들의 기름투성이의 옷을 빠는 일을 하면서 집에 있을 수 있었다. 그러나 전쟁이 심해지면서 일손이 모자랐는지 주재소에서는 여자들에게도 동원령을 내렸다. 황 장사의 첫째 딸은 전진의 명란 공장에 나가게 되었다.

명란공장의 부역도 만만치 않았다. 명태의 배를 가르고 그곳에서 알을 떼어 내고 그 알을 씻은 다음 알에 소금을 뿌리고 그 것을 나무통에 정성스럽게 넣는 작업이었다. 작업 중 명란 알을 터트리거나 그릇을 엎지르는 일이 생기면 가혹한 벌이 가해지기도 했다.

소금에 저린 손톱 밑이 아려와 손을 잘못 놀리다 나무 가시나 못에 손가락이 찔리게 되면 그 이튿날부터는 영락없이 생손을 앓게 되었다. 일제의 앞잡이들은 생손을 앓는 사람에게도 명태 알에 소금을 뿌리라고 했다.

힘에 겨운 육체 노동뿐이었다면 황 장사의 첫째 딸은 그런대로 참을 수 있었을 것이다. 그러나 앞잡이들은 바닷가 무지랭이 아녀자들에게 천왕폐하의 병사들에게 보낼 명란을 만드는 작업 역시 성스러운 일이니 이 일을 하면서 반도말을 쓰지 말고 본토어, 일본말만 사용해야 된다고 했다.

명란공장 부역에 동원된 황 장사의 첫째 딸은 그즈음 들어 집안에 우환이 생겨 신경이 매우 날카로워졌다. 그녀의 여동생이 함흥영생 여학교에 다녔는데 통학 열차에서 일본 형사로부터 불신검문을 당했다. 그녀의 책가방 속에는 일기장이 있었는데 그 글 속에는 한글에 대한 이야기가 많이 나왔다. 그녀를 잡은 것은 신원(新原)과 북도(北島)라는 고등계 형사로 전국적으로 악명이 높은 일제의 앞잡이였다.

그들은 일본 이름을 가지고 일본인처럼 행세했지만 사실은 한국인들이었다. 여학생들을 경찰서로 끌고간 신원과 북도는 모질게 고문했다. 세상 물정 모르고 곱게만 자란 여학생은 자기에게 우리말을 가르쳐준 선생님의 이름을 입 밖으로 내뱉고 말았다.

이 작은 일이 스물아홉 명의 한글학자를 구속하고 오십여 명의 우리나라 지도자급 인사를 재판대에 증인으로 나서게 한 조선어학회 사건으로 번져 가게 될 줄은 아무도 몰랐다. 그러나 사건은 터지고 홍원이라는 그리 크지 않은 고을은 삼천리 곳곳에 알려지게 되었다.

조선어학회 사건으로 한 건 올린 북도(北島)는 제 세상을 만난 듯 활기차게 거리를 누비고 다녔다. 사람들은 그를 만나게 되면 슬금슬금 피하고 울음 우는 아이들이 있으면 북도가 온다고 했다. 그러면 어린아이들은 그가 호랑이보다 더 무서운 존재라는 것을 알고 울음을 그쳤다.

북도는 전략 작업장인 정어리 공장과 명란공장에도 얼굴을 내밀었는데 그의 당당한 기세는 날아가는 새들도 떨어뜨릴 듯했다. 개똥모자에 작업복, 흰 구두에 지휘봉까지 휘두르며 거들먹거리는 그의 꼴은 가관이었다. 명란공장에서 명태알에 매어달려 있는 실핏줄을 보고 "어떤 불순분자가 성군의 음식물에 머리카락을 넣었느냐?"고 길길이 뛰다가 망신당한 일까지 있었다. 명란공장의 아낙네들은 그가 일본인처럼 행세할 때마다 코웃음을 쳤다. 그래서 사람들은 그가 공장에 나타나면 "가짜가 떴다!"고 신호를 보냈다. 명란 공장의 여인들은 그가 공장에 오면 비굴하지 않은 몸짓으로 일에만 전념하는 체 했다.

북도는 머리카락 사건 이후 명란공장의 여인들을 혼내 줄 궁리를 하고 있었다. 그러나 명란공장의 여인들은 어찌나 단결심이 강한지 북도에게 허점을 보여 주지 않고 있었다.

그때 공장에서 일인용 명란에는 고춧가루를 사용하지 않았으나 한국사람을 위한 작은 양의 명란에는 고춧가루를 썼다. 북도는 흠잡을 것이 없으니까 일본인들의 명란에 고춧가루를 뿌렸다고 공장장을 닦달했다. 공장장은 자신은 황제폐하의 백성인데 그런 일이 일어날 수 있는가 라고 반문했지만 북도는 막무가내로 작업장을 돌아보아야겠다고 했다.

황 장사의 첫째 딸은 그때 한국인용 명란에 고춧가루를 뿌리고 있었다. 다른 여인들은 고춧가루를 만지는 일을 싫어했지만 그녀는 그렇지 않았다. 고춧가루를 만질 때마다 소금에 저린 손톱밑이 아려왔지만 그녀는 인도차이나 정글 속에 학병으로 끌려간 오라버니를 생각했다. 만약, 그 오라버니가 이 명란을 먹는다면 나는 그의 입맛에 맞게 이 명란을 만들 수밖에 없다고 생각했다. 그녀는 유난히 매운 것을 좋아하던 오라버니를 위해 저린 명태알에 고춧가루를 듬뿍 얹어 주고 있었다. 날카로운 쇠가 그녀의 손등을 내리쳤다. 그녀는 명란통에 손을 처박고 일순간 정신을 잃었다.

"빠가야로."

그녀가 정신을 차렸을 때는 그녀의 얼굴은 타의에 의해 허공을 향하고 있었다. 북도의 지휘봉이 그녀의 턱을 받들고 있었다. 허공에는 기세등등한 북도의 얼굴과 겁먹은 공장장의 얼굴이 보였다.

"넌, 불순분자 집안이다. 네 동생도 그렇고 너도 오늘 한 일로 불순임이 분명해졌다."

북도의 지휘봉이 여인의 턱에서 빠져 나갔다. 지휘봉은 여인이 고개를 숙이자 이번에는 그녀의 등에 둔탁하게 내려앉았다. 여인이 다시 몸을 뒤로 제꼈다. 여인의 가슴이 하늘을 향했다. 북도는 능글맞게 침을 흘리며 지휘봉으로 여인의 가슴을 두어 번 찔렀다.

"젖통이노 크누나!"

찰나에 아무도 상상하지 못했던 일이 벌어지고 말았다.

죽은 듯 넋을 잃고 있던 여인이 눈을 뜨고 위를 봤을 땐 그곳에는 다시 북도의 징그러운 얼굴이 나타났다. 여인은 왼손으로 북도의 목덜미를 오른손으로는 그의 바지춤을 움켜쥐고 힘껏 그의 몸을 앞으로 당기면서 시멘트 바닥에서 일어났다. 북도의 몸은 손 쓸 새도 없이 여인의 머리 위로 올라갔다. 여인은 그의 몸을 한참동안 빙빙 돌리다 시멘트 바닥에 내동댕이쳤다. 북도는 썩은 고목나무처럼 바닥에 뒹굴었다. 여인은 그의 가슴을 걷어차며 욕설을 퍼붓기 시작했다.

"야 ! 종간나 새끼야, 지 백성을 잡아먹는 개만도 못한 놈의 새끼야. 니, 오늘 내 손에 죽을 줄 알아라."

그녀의 욕설은 민족의 숨결이 담긴 건강한 조선인들의 모국어였다. 사람들은 오랜만에 그들의 정서가 어린 욕설을 들으며 통쾌해 했다. 그러나 그들은 여인을 말리지 않을 수 없었다. 명란통에 얼굴을 처박고 있던 북도는 한참만에야 정신을 차리고 뒤도 돌아보지 않고 도망쳤다. 공장 사람들은 북도의 보복이 두려웠으나 사건을 보고 받은 일인 경찰서장은 오히려 묵노를 삽산으로 전근 보냈다고 했다.

이 사건은 곧 포구는 물론 읍에까지 전해졌는데 나중에는 여인의 별명이 북도가 되었다.

황 장사의 첫째 딸은 내 어머니인데 나는 누구보다 어머니의 건강한 언어를 좋아해서 어머니의 언어로 희곡을 쓸 때가 많다. 지금도 나는 어머니를 아는 분들을 만나면 내가 북도아들이라고 소개한다. 그러면 그분들은 옛날 사건을 연상하며 나를 힘껏 끌어안는다.

촉새와 채찍

사건은 점점 크게 번져 나갔다. 단순한 외박으로 아내의 바가지나 뒤집어쓰면 되겠지 하고 헐렁하게 마음먹은 것부터가 잘못이었다. 좀 더 다그쳐 마음먹고 세밀하게 계획을 짰으면 이런 낭패는 당하지 않아도 되었을 터인데…….

모든 것이 차분하지도, 야멸치도 못한 내 성격 탓이었다. 그렇다고 성격탓으로 치부하고 돌아앉아 체념하고만 있을 형편도 아니었다.

후질구레한 꼴을 하고 대문으로 들어서는 나를 보는 아내의 눈에는 흰자위밖에 없었다. 그녀는 내가 외박하게 된 경위를 묻지도 않고 훌쩍거리기 시작했다. 그녀는 나와 헤어지기라도 할 듯이 대문께에 보따리까지 갖다 놓았다.

"말 같은 건 필요 없어. 전화했으니 아빠가 올 거야. 헤어지면 그 뿐이야."

사건은 예측하지 못할 방향으로 번져 나갔다. 어제 토요일 정오만 해도 모든 일상이 순조롭게 돌아가고 있었다. 부원들과 점심을 먹고 사무실로 돌아와 책상만 정리하면 그뿐, 퇴근길에 아내를 불러 영화관 앞에서 만나 영화 한 편 구경하면 만사는 형통하기로 되어 있었다. 느긋한 기분으로 다음 주 스케줄에 눈길을 주는데 전화가 왔다.

"난데, 아버지가 심상치 않아. 오늘 밤을 넘기기 힘들 것 같아." 시골서 함께 서울로 올라와 생활하고 있는 고등학교 동창생의 전화였다. 피할 수 있는 상황이 아니었다. 너나 없이 고향을 떠나 서울 생활 시작한지 얼마 되지 않는 입장이라서 서울에 친척이 있는 것도, 대사를 당하면 딱히 의논할 어른들이 있는 것도 아니라서, 십시일반으로 모여 힘과 지혜를 짜내서 일을 처리할 처지였다. 화창한 4월, 토요일 오후. 아내는 남편과 영화구경도 하고 외식도 해야겠다고 벼르고 있었지만 친구의 전화 한 통으로 아내의 기대는 완전히 구겨지고 말았다. 집에다 전화할까 하다, 혹시 해지기 전에 돌아가시거나 원기를 회복하면 극장에 갈 시간은 낼 수도 있겠지 하는 기대로 병원 근처에 가서 어슬렁대었다.

친구들이 제법 많이 모여 들었다. 모두들 심각한 얼굴이었다. 보통 때 같으면 시끄러울 텐데, 사안이 사안인 만큼 농담소리 하나 내뱉지 않고 있었다. 눈을 감고 의자에 앉았다 졸고 있는 친구들도 있었다. 큰 길에 오가는 자동차들이 불을 켜고 다니기 시작할 때쯤 다방 안은 잠시 소란해지기 시작했다. 별말 없이 한참을 그렇게 보냈다. 그때까지 친구 아버님은 돌아가시지 않고 계셨다. 친구가 미안한 얼굴을 하고는"금방 돌아가실 것 같더니 다시 생기가 돌아 오셨다"고 했다.

다방에 모인 모든 친구들은 임종을 앞둔 친구 아버님을 잘 알고 있었다. 어른은 우리가 태어나고 자란 조그만 읍의 읍장이었다. 우리가 거리를 오갈 때 인사하면 항상 등을 토닥거려 주던 인자한 분이었다. 우리 모두는 그분의 쾌유를 기원해야 될 입장이었다. 그런데 그분의 일 때문에 모여들었지만 친구들은 각기 자기들의 개인 스케줄에 맞춰서 친구 아버님의 운명이 결정되어지길 바라는 눈치였다.

"언제 운명하실 것 같아?"

"오늘 아니면 며칠 더 가실지도 모르겠데."

"그래, 며칠 더 생존해 계시는 게 좋겠어. 그래야 장례준비도 꼼꼼히 할 수 있고."

"그래, 우린 지금 아버님이 돌아가시길 바라고 여기 있는 게 아니야."

우린 많이 변해가고 있었다. 친구 아버님이 운명하시니까 걱정이 되어 모여 든 것이 아니라 돌아가시면 그 이벤트를 원만하게 처리하기 위해 모여든 기획사의 직원과 같은 꼴이었다.

다방에서 나와 저녁을 먹으러 갔다. 그때 바쁘다고 핑계를 대고 친구들과 헤어져야 했다. 친구들이 몰려 식당으로 들어갈 때

맨 뒤에 섰다 자취를 감추면 그뿐이었다. 그 기회를 살리지 못했다. 매몰차지 못한 성격 때문에 식당 안으로 끌려 들어가고 말았다. 소주잔이 오가기 시작한 것은 음식도 나오기 전이었다.

거나하게 취한 친구들은 자기들이 누구와 어디에 살고 있는지 관심이 없는 것 같았다. 그리고 지금 무엇 때문에 이곳에 모여 있는지조차 까마득히 잊고 있었다.

아득한 옛날부터 숭허물없이 모여 살던 옛 동무들이 이렇게 모인 이상 흩어지지 않고 긴 밤을 함께 보낼 수 있다는 현실이 고마울 뿐이었다. 음식점 옆 여관으로 향했다. 그때 바쁘다고 친구들과 헤어졌어야 했다. 독한 마음먹고 여관으로 들어서지 않고 도망칠 궁리를 했다. 그런데 나보다 먼저 장가든 친구가 내 마음을 읽고 허리끈을 조이기 시작했다.

"병신아, 이럴 때 외박 않고 언제 하려고 해! 너 신혼 초에 군기 잡지 못하면 일생 공처가 신세 못 면해."

아내는 십만 원군이 곧 도착한다는 전갈을 받은 장군같이 기세가 등등했다. 일이 이쯤 되고 보면 군기를 잡기는커녕 군기를 잡힐 판이다. 그것으로 끝나면 다행이다. 장인까지 동원되었으니, 잘못하면 이혼이요, 잘해야 별거가 아닌가? 장인이면 보통 장인인가? 직장의 사장이 아닌가? 처음부터 그게 잘못된 일이었다. 다니던 직장을 그만두고 장인 회사로 옮긴 것부터가 잘못이었다 그때부터 아내의 태도가 당당해지기 시작했다. 고스톱에 돈 잃고 잠 한 못 자고 이게 뭐라?

"여보, 몸 속의 아이를 생각해."

"그까짓 거, 병원에 가면 그뿐이야."

아내는 장인이 직접 차를 몰고 떠났다는 장모의 전화를 받고부터는 더 표독스러워졌다.

장인은 집에 들어서자마자 우리 둘을 소파에 앉혔다.

"전화는 했냐?"

"네."

"전화했으면 뭘해요. 사람은 돌아가시지도 않았는데, 상가 집이 어디 있어요? 다 거짓말이예요."

"돌아가시지 않았다고?"

"네. 그게 그만."

장인의 얼굴은 무섭게 변해갔다. 그리고 손이 위로 올라갔다.

"남자 외박이 다반사지. 어따대고 방정이야 방정이. 촉새같은 입방정으로 집안 망해 먹을 일이 있어?"

장인은 아내를 때렸다. 한 번도 아니고 서너 번 때렸다. 장인에게 맞은 것은 아내였지만 장인의 채찍같은 손가락이 후빈 것은 내 가슴이었다.

그날 이후 환갑을 바라보는 이 나이 되도록 나는 아내의 결재 없는 외박은 한 번도 하지 못했다.

봄의 소리

봄이라고 하지만 아직 북벽에는 얼음이 엉켜있고 후미진 그늘 쪽엔 잔설이 남아 있었다. 하늘의 휘바람새 울음소리 크게 울리고 버드나무 잎새의 연두빛 너울이 부드럽게 울렁거리는 개울가로 젊은이들이 걸어가고 있었다.

리더 격인 젊은이가 마당같이 넓은 바위 위에 걸터앉았다. 모두들 피곤한 기색이었다.

"조금 가면 절이 있는데, 절에서 종점까지는 두 시간은 더 내려가야 돼."

"두 시간? 난 때려 죽여도 못 가!"

고등학교를 갓 졸업한 듯한 앳된 청년이 풀섶에 주저앉았다.

"오늘은 그만 가요. 종점에 가서 민박하나, 산중에서 자나 밤을 새기는 마찬가지잖아요?" 나이가 조금 든 듯한 처녀가 피곤한 기색을 보이며 한 마디 했다.

"문제는 그렇게 간단치 않아. 산중에서는 잘 데가 없어. 그렇다고 우리가 잠잘 장비를 갖춰 온 것도 아니고……."

"외딴 집이 있을지 모르잖아요?"

조금 전의 처녀가 기대를 가지고 리더를 쳐다 보았다.

"외딴 집은 없어. 저 언덕에 오르면 절이 하나 있을 뿐이야."

"절? 절에서 자는 것도 낭만적이잖아요?" 앳된 청년이었다.

"절이라고 우리들을 위해 방을 비워 두고 기다리지 않아."

"웬만하면, 종점까지 내려가요. 계속 내리막길인데. 힘들 것 같지도 않고." 성가대 반주자가 한마디 했다.

"우선 언덕까진 올라갑시다." 리더가 앞장서 걷기 시작했다.

산중의 절은 그리 크지 않았다. 사찰이라기보다는 암자에 가까웠다.

부처님을 모신 대웅전이 열두어 평이 될까? 뒤에 서너 평짜리 별채가 붙어 있는데 스님이 기거하는 방인 것 같았다.

스님은 물가에서 푸성귀를 다듬고 있었다. 리더인 청년은 스님 앞에 가서 정중히 인사를 했다. 자신들은 읍내에서 제일 큰 교회의 성가대 대원들인데 가능하면 절에서 자고 아침에 하산했으면 좋겠다고 했다.

스님은 난처한 표정을 지으며, "보시다시피 여기는 쉬실만한 곳이 없다"고 했다. 스님의 말을 들은 교회 청년들은 대웅전 앞마당에 주저앉고 말았다.

"조금 쉬다 내려가자. 빨리 가면 어둡기 전까지는 종점에 이를 수 있어. 그곳에 가면 넓고 따뜻한 방이 우릴 기다리고 있어." 리더 격인 청년은 동료들에게 용기를 주었다. 푸성귀를 다

들어 부엌으로 향하던 스님이 뒤로 돌아섰다. 그리고 미안한 표정을 지으며 "대웅전에서 부처님과 함께 보낼 수 있으시다면……." 청년들은 시합을 앞둔 운동팀의 선수들처럼 모여서 의논했다. 그들로부터 여러 가지 소리가 들려왔다.

"까짓것 어때."

"사자굴이나 다를 게 없잖아!"

"용기를 내서 한 번 자 보는 거야. 주님이 우릴 지켜 줄 거야." 세 번째 제안이 마음에 들었는지 청년들은 스님에게 대웅전 부처님 앞에 가서 자겠다고 했다. 스님은 잔잔한 미소를 지으며 고개를 끄덕거렸다.

"식사는 부엌에서 지어야 합니다." 리더인 청년이 그렇게 하겠다고 대답했다.

젊은이들은 대웅전에 들어가 배낭을 벗고 식사도구를 챙겼다. 그리고 식사 당번인 듯한 청년 두 명이 별채 부엌으로 가서 밥을 짓기 시작했다. 그들이 밥을 짓고 찌개를 끓이고 고기를 굽는 동안 대웅전에 남아있던 청년들은 언제 피곤했냐는 듯이 키득거리기 시작했다. 그때 50대 중반쯤 되어 보이는 나그네가 혼자 절에 들어섰다. 그는 소리없이 우물에 가서 물을 길어다 별채 처마 밑에서 끓이기 시작했다. 물은 곧 끓었다. 그는 끓는 물에 커피와 설탕을 넣고 맛있게 마셨다. 대웅전 속에서는 젊은이들이 떠드는 소리가 들렸다.

"부처 앞에서 삼겹살이라, 맛 좋은데."

"이러다가 벌 받는 것 아닐까?"

"벌 좋아하네. 우리 빽이 더 세잖아!"

산 속은 젊은이들의 말소리를 빼놓고는 나뭇잎을 두드리는 바람소리와 시냇물 소리뿐이었다. 사위는 곧 어두워지기 시작했다.

식사를 마친 대웅전 속의 젊은이들은 기도하기 시작했다.

"전능하신 하나님, 악마의 골짜기에서도 우리를 구해주시는 하나님."

산 나그네는 공양을 마친 스님의 표정을 살폈다. 스님은 입가에 엷은 미소를 띠고 있었다.

대웅전 속의 젊은이들은 기도를 마치고 찬송가를 부르기 시작했다.

"십자가 군병들아 주 위해 일어나 기 들고 앞서나가 굳세게 싸워라."

나그네는 더 이상 참을 수 없다는 듯이 대웅전 문을 활짝 열어젖히고 젊은이들을 밖으로 내쫓았다.

"이놈들, 아무리 믿음이 달라도 예의는 지킬 줄 알아야지."

어둠 속으로 쫓겨난 젊은이들은 찬송가를 큰 소리로 부르면서 종점 쪽으로 내려갔다.

"승전한 군사들은 영생을 얻으며 영광의 주와 함께 왕노릇하리라."

스님은 옆에 누운 나그네에게 물었다.

"부처님도 조금 전의 그런 상황에서 젊은이들을 내쫓았겠습니까?"

"물론, 쫓지 않으셨겠죠."

나그네가 대답했다.

"불자이십니까?"

"아닙니다."

"그럼?"

"……"

"직업이라도?"

"목사입니다."

나그네가 대답했다.

스님과 목사님은 서로 손을 꼬옥 잡았다. 얼음을 뚫고 흐르는 물소리가 정겹게 들려왔다.

삼대

나이 마흔 다섯에 장가든 손씨는 친구들에게 곧잘 놀림을 당한다. 신혼 재미가 어떻느냐, 아이는 없느냐, 아내는 좋아 하더냐 등의 질문인데, 그때마다 손씨는 젊어서 장가든 자네들보다 두 배는 더 좋다고 대답해 주었다.

손씨는 속으로 말 같지 않은 말을 지껄인다고 쏴주고 싶지만 참고 견디기로 했다. 나이 마흔 다섯이 되도록 장가 못 든 친구가 그런 물음을 묻는다면야 자기가 보낸 황홀한 첫날밤과 스산한 그믐밤의 경험을 소상히 설명해 줄 수 있지만, 이건 이십여 년 전에 결혼한 놈들이 이제 와서 늦결혼 운운하면서 덤벼드는 꼴이 아니꼽기 그지없기 때문이다. 그 좋은 결혼 생활에 대하여 이십여 년간 깨소금이 쏟아지는데도 침묵하며 심드렁한 꼴을 하고 다니며 손씨 보고는 결혼 같은 것은 할 생각하지 말라는 듯 지내다, 이제 와서 동지나 된 듯, 옆에 와서 붙는 게 아니꼬았다. 나이 마흔 다섯에 결혼했으니, 경제 사정이 좋지 않을 터인데, 살림은 어떻게 꾸려 나가는지 신부가 마흔 살이 넘었으니 아이를 출산하는데 어려움이 없는지, 따지고 보면 궁금한 것도 많고 풀어야 할 숙제도 산적해 있는데 말초적 관심에 초점을 한정시키는 세태가 야박하게 생각되었다.

손씨는 결혼 생활 일 년을 넘기면서 아들을 보았다. 처음 몇 개월 동안 아이는 투명한 생명체일 뿐, 자신의 어머니나 아버지에 대한 특별한 관심 같은 것은 보이지 않았다. 아이가 관심을 보이지 않는다고 해서 손씨도 무감각하게 지낼 수는 없는 일이었다. 늦게 본 아들이지만 아이에 대한 책임만은 어떤 젊은 아버지보다 더 져야 된다고 생각했다. 아이는 돌을 바라보면서 변하기 시작했다. 어머니를 알아보더니, 일어서서 한 발씩 움직이기 시작했다. 그리고 몇 발자국 앞에 있는 손씨를 향해 걸어오더니 품에 묻혀 버렸다.

손씨는 가슴으로 아이의 숨소리를 들으며 가늘게 탄성을 질렀다.

"아, 생명의 신비여. 위대함이여." 손씨는 아이를 통해 세계를 느끼면서 이 세상의 모든 살아있는 것들에 대한 애정을 느꼈다. 아이가 단어를 하나씩 발음하기 시작했다. 엄마, 아빠, 이것, 저것. 이것, 저것을 작은 손가락으로 구별하여 말할 때, 손씨는 아이가 커서 옳고 그름을 분명히 밝히는 큰 사람이 되기를 바랐다.

손씨의 친구들은 손씨의 아들이 두 돌이 되어 갈 때 "아들아이의 돌이 다 되지 않았느냐?"고 물었다. "아들인지 손자인지 두 돌이 다 되어 가네." 그는 친구들의 무심함을 탓하는 투로 한 마디 했다. 그리고 다시는 내 결혼은 물론이고 그로 인해 파생한 아들아이의 탄생과 성장에 대하여 화제에 올리지 말아달라고 부탁했다. 친구들은 서로 얼굴을 쳐다보며 썰렁한 표정을 지었다.

손씨의 아들에 대한 애정은, 늙은 할아버지의 손자에 대한 사랑과 젊은 아버지의 아들에 대한 열정이 뒤엉켜 크고 각별한 것이었다.

손씨와 손씨 아내는 두 돌이 지난 아들아이의 장래를 위해 여러 가지 일로 고심했다. 우선, 아들이 사물을 관찰할 수 있는 능력이 생기기 시작했는데, 그 아이에게 네 벽만 제공해 줄 수 없지 않느냐는 것이 손씨 아내의 입장이었고 손씨 역시 동감했다. 그래서 손씨 아내는 언니와 직장 상조회에서 돈을 빌려왔다. 지하실에서 2층 전세방으로 옮긴 손씨 아들은 세상에 나무가 있고 사람도 있고 자동차, 해와 달이 있음을 보고 깜짝 놀랐다. 손씨는 무리를 해서라도 지하에서 2층으로 옮긴 것이 백 번 잘한 일이라고 생각했다.

손씨와 그의 아내가 아이를 위해 두 번째로 장만하기로 한 것은 '교육적인 장난감' 을 마련하는 일이었다. 백화점에서, 슈퍼마켓으로 해서 동네 구멍가게까지 한 바퀴 돌아본 손씨네 세 가족이 얻은 결론은 장난감치고 '교육' 이란 말이 든 것치고 싼 것이 없어 '교육적 장난감' 은 살 수 없다는 것이었다.

"교육은 비싸서 우리는 넘볼 수도 없으니 어떻게 하죠?"

손씨 아내는 경제적인 측면에서 무능하다고 할 수밖에 없는 손씨에게 물었다.

"아무 장난감이나 사서 우리가 교육적으로 이용하면 되지뭐."

"너 마음대로 골라라."

손씨의 아들은 가슴에 별을 달고 양 옆에 권총을 찬 서부의 보안관을 선택했다. 그날부터 손씨는 보안관과 함께 아들 교육을 시작했다.

"보안관은 약자의 편에서 정의를 지키는 사람이야, 정의라고 해봐, 정의."

"정의."

"그뿐이 아니야. 평화의 사도야, 평화 해봐, 평화."

"평화."

손씨의 아들은 정의와 평화를 또박또박 따라했다. 손씨의 아들은 가끔 창조력을 발휘해서 보안관을 '아버지' 라고 했다.

"아버지 평화, 정의 아버지."

"그리고 이 보안관은 우리 가족 셋이서 민주적으로 의논해서 샀으니까 우리집 민주화라고 할 수 있어. 민주화, 해봐. 민주화."

그때 부엌에서 그릇 깨지는 소리가 들려왔다.

"그놈의 민주화 때문에 쫓겨나고 또 무슨 민주화예요, 민주화."

손씨의 아내는 민주화라는 소리에 역정을 냈지만 손씨의 아들은 분명히 '민주화' 를 따라했다.

며칠 후 손씨는 방청소를 하고 2층 베란다에서 담요를 털었다. 그런데 그만 담요 속에 있던 보안관이 길가에 떨어졌다. 길에는 행인이 별로 없었다. 보안관 앞으로 가족인 듯한 사람 셋이 걸어오고 있을 뿐이었다. 손씨는 급히 아래층으로 내려가 대문을 박차고 보안관을 구하러 갔다. 마침 어린 꼬마가 보안관을 주워 어머니인 듯한 여인에게 주고 있었다. 어머니는 보안관을 코트 속에 숨기는 것 같았다.

"여보세요, 보안관을 주세요."

"보안관이라니요?"

꼬마의 어머니인 듯한 여자가 이상한 사람 다 보겠다는 듯이 딴청을 부렸다.

"조금 전에 여기 있던 보안관 인형말이예요. 이 아이가 주웠잖아요?"

"이 사람이 실성했나? 우린 그런 걸 본 적 없어요."

꼬마의 할아버지인 듯한 남자가 손씨에게 덤벼들었다.

"분명히 보았는데."

"얘, 가자. 실성한 사람 상대해서 뭐하니."

그들은 손씨를 뒤로하고 가기 시작했다. 손씨는 "우리의 과거인 할아버지와 현재인 어머니, 그리고 미래인 꼬마가 보안관을 훔쳐간다."고 생각하니 기가 막혔다.

손씨의 아들이 "평화, 정의, 민주화, 아버지를 찾아내라"고 떼를 쓸 때마다 손씨는"삼대가 도둑놈인 걸 난들 어떻게 하겠느냐"고 짜증을 내곤 했다.

내가 너에게 줄 수 있는 것은?

만원 버스에서 내린 최씨는 더운물에 데친 푸성귀같이 축 쳐져서 집으로 향했다. 오늘 따라 발걸음이 가볍지 않은 것은 아침에 집을 나올 때 걸었던 기대가 무산되었기 때문이다. 다른 날 같으면 최씨는 느긋한 마음으로 휴일을 즐기고 있을 시간이었다. 그러나 요 며칠간 최씨네 작업장은 온통 아수라장이 되고 말았다. 젊은 사원들이 머리에 띠를 두르고 임금투쟁에 나섰을 때 그는 그들의 요구에 은근히 기대를 걸고 동조도 했다.

그러나 농성이 길어지고, 작업장이 정상 가동될 기미를 보이지 않자 최씨는 살림을 꾸려 나가기가 여간 힘들지 않았다. 그래서 오늘만은 노사가 잘 타협되어 작업장이 가동되길 바랐다. 그러나 그의 소망은 허망하게 무너지고 말았다. 사장은 임금을 올려주기는커녕, 작업장을 폐쇄하겠다고 기승을 부리고 있었나. 농성장을 슬며시 빠져 나온 최씨는 친구들의 작업장에 둘러 보았으나 휴일인 관계로 아무도 만날 수 없었다. 최씨는 할 수 없이 집으로 향했다. 최씨의 집은 연립주택 지하에 있었다. 단독주택 지하에서 시작한 신혼살림이 제일 높은 꼭대기 층으로 이사 갈 수 있었던 것은 최씨가 열심히 저축한 덕이고, 그의 아내가 하나밖에 없는 아들 석이에게 넓은 세상을 보여주고 싶다는 소망 때문이었다.

그러나 4층에서 볼 수 있는 넓은 세계도 얼마가지 않아 빼앗기고 말았다. 최씨 작업장의 노사간의 긴 싸움은 최씨 가족으로 하여금 전세금을 깎아 먹게 했다. 최씨가 현관에 들어서 한 발짝 옮기는 순간 지하 특유의 냄새가 최씨의 코를 찔렀다. 5월이고, 우기가 되려면 아직 멀었는데도 곰팡이 냄새가 났다. 방에 들어서면, 하늘이 보이지 않는다. 전등을 켜지 않으면 낮인데도 캄캄하다. 다른 사람과 넓은 세계와 완전히 단절된 공간, 그래서 그 속에 사는 단 세 사람이 한데 엉겨 살 수밖에 없지만, 그러나 하나가 어긋나거나 튕겨나가면 유리구슬같이 깡그리 무너질 수밖에 없는 그런 관계로 최씨의 단출한 가족은 결속되어 있었다. 최씨는 가슴 조이며 초인종을 눌렀다. 최씨의 초인종 소리는 첫 음이 강하지 않은데다가 뒷음의 여운이 짧아 항상 미안하게 끝났었지만 오늘따라 더욱 힘없이 들렸다. 최씨의 다섯 살 난 아들 석이는 윗집 아저씨의 초인종 소리와 아버지의 초인종 소리를 쉽게 구별할 수 있었다.

윗집 아저씨의 초인종 소리는 소방차의 비상벨같이 요란한데 비해 자기 아버지의 것은 상대적으로 위축된 소리였기 때문이었다. "아빠다"하고 석이가 문을 열고 뛰어나오고 최씨 아내는 해가 아직 중천에 있는데도 집으로 돌아오는 남편을 생각하며 가는 신음을 토해냈다. 최씨는 석이를 들어올려 가슴에 귀를 갖다 대었다. 잘 먹이지도 입히지도 못하는데 건강하게 숨을 쉬는 석이가 여간 대견하게 느껴지지 않았다. 건강하게 자라라. 밝게 자라다오. 너희들 세상에는 갈등이 없어야 한다.

"아빠, 로보트 사왔어? 덤프트럭은?"

석이가 닦달하는 바람에 최씨는 꿈에서 깬 듯이 그를 마당에 내려놓았다.

"음, 로보트하고 덤프트럭? 아빠가 또 잊었구나. 다음 날 사줄게,"

최씨는 정말 미안한 듯이 두 손을 비벼 보았다. 그러나 석이는 아버지의 말을 듣지 않고 방으로 뛰어 들어가면서 칭얼거리기 시작했다. 석이는 오래 전부터 아버지에게 로보트와 덤프트럭을 사달라고 했다. 그러나 쓸만한 덤프트럭과 로보트는 삼만 원은 있어야 했다. 그러나 최씨의 주머니에는 돈 만 원이 아쉬운 편이었다. 그래서 최씨는 석이가 로보트와 덤프트럭을 사달라고 조를 때, 내일, 내일에 사준다고 뒤로 미뤘다. 그러나 석이는 내일이라는 말은 어른들이 오늘을 살짝 넘기기 위해 만들어 낸 단어라는 것을 알아버렸다. 내일이란 말로 더 이상 석이를 속일 수 없게 된 최씨가 만들어 낸 말이 어린이 날이었다. 5월 5일은 어린이 날이니까 그 어린이 날에 사준다고 굳게 약속했다. 그러나 어린이 날은 석이의 날뿐이 아니라 이 세상의 모든 어린이들의 날이었기 때문에 모든 부모들에게는 그 만한 돈이 필요

했다. 그래서 빈 손으로 집으로 돌아온 최씨는 천장을 쳐다보았다. 비행기 소리가 들렸다.

"나도 저런 비행기를 타 보았지"라고 중얼거릴 때 머리에서 좋은 생각이 떠올랐다. 그렇다. 이것이면 석이의 울음을 그치게 할 수 있을 거야. 최씨는 장롱을 열고 그 곳에서 앨범을 꺼냈다. 그리고 자신의 생애에서 가장 신나던 한때의 사진을 펼쳐보았다. 한 장은 최씨가 오아시스의 야자나무를 옆에 끼고 덤프트럭을 몰고 사막을 달리는 사진이었다. 다른 한 장은 최씨가 휴가 중 스핑크스와 피라미드를 배경으로 낙타를 타고 있는 사진이었다. 최씨는 사진 두 장을 석이에게 펼쳐 보았다.

"석아, 이 사진 봐, 이것 네가 가져."

"사진은 싫어, 그림 속의 덤프차는 달리지 못해."

"낙타도 있잖아?"

"낙타도 마찬가지야, 싫어. 싫어."

"그놈의 새끼 때려줘."

최씨 아내가 부엌에서 참을성 없게 한마디 내뱉었다. 최씨의 아내는 요즘 따라 신경이 날카로워지고 있었다. 예전 같으면 석이의 칭얼거림쯤은 여유 있게 볼 수 있었다. 그러나 요즘 그녀에게는 남편에게도 말 못할 고민이 있었다. 그녀의 몸속에서는 석이의 동생이 자라고 있었다. 그런 자신의 입장을 남편에게 알리지 못하니 짜증스럽기만 했다. "다른 아이들은 장난감 다 가졌어." 최씨는 곰곰이 생각해 보았다. '그래, 다른 아이들은 정도의 차이는 있어도 장난감을 다 가질 수 있다. 그런데, 우리 아니, 내 석이는 어찌되어 장난감을 가질 수 없단 말인가? 그것은 전적으로 아버지인 내 탓이다. 30대 중반인 우리 세대 중 왜 나만 하나뿐인 자식에게 원하는 것을 줄 수 없을까?' 최씨는 가난한 어린 시절과 남보다 학교 성적이 뛰어나지 못했음을 상기했다. 가난과 부진한 성적으로 동료들과 경쟁한다는 것은 처음부터 무리였다. 그래서 그는 실업학교를 졸업하고 트럭을 몰았다. 최씨의 아내는 석이의 울음소리를 삼켜 버리려는 듯이 텔레비전의 볼륨을 높여 버렸다. 텔레비전에서는 배구 중계를 하고 있었다. 최씨는 무릎을 쳤다. 이것은 내가 내 친구들보다 더 잘할 수 있어. 최씨는 고등학교 때 배구선수였다. 배구만은 석이 동무의 다른 아빠들보다 잘 할 수 있다고 자신한 최씨는 석이를 방구석에 세워 놓았다. 그리고 웃저고리를 벗고 배구 토스 폼부터 리시브, 스파이킹, 슬라이딩 자세등을 차례로 보여 주었다. 울던 석이는 울음을 그치고 눈이 휘둥그레져서 아버지를 올려다보았다.

최씨는 석이기 울음을 그친 것이 기특해서 더욱 열심히 뛰었다. 최씨가 배구를 하는 모습은 마치 신이 들린 무당처럼 보였다. 최씨는 전국체육대회 배구 고등부 결승 때를 상기했다. 스탠드에 모여든 수천 명의 관중들, 그들 중의 반은 최씨를 응원하고 있었다. 텔레비전 카메라와 아나운서의 열띤 중계, 관중의 힘성과 숨을 죽이는 정적과 박수갈채, 최씨는 그때를 생각하고 더욱 열심히 뛰었다.

그러나 라면으로 아침을 때우고 하루 종일 거리를 배회한 최씨는 오래 뛸 수가 없었다. 숨이 차고 머리 위의 형광등이 세 개로 보이기 시작했다. 석이의 울음도 끝났으니 이제는 그만해도 되겠지 하고 최씨는 방바닥에 주저앉고 말았다. 창문이 정사각형이 되었다가 마름모꼴로 변하기도 했다. 현기증이 나기 시작했다. 이제까지 경이로운 눈으로 최씨를 바라보던 석이가 아빠의 춤이 별게 아니었다는 듯이 훌쩍거리기 시작했다.

"저놈 놔두고 이거나 드세요." 최씨 아내가 저녁상을 챙겨왔다. 그 소리를 기다리기나 했다는 듯이 석이는 울음의 볼륨을 더 높였다.

이번에는 가락까지 붙어, 울음소리가 매우 구성지게 넘어갔다. 최씨는 속내의를 가슴 위로 걷어 올렸다. 그리고는 소리를 질렀다." 내가 네게 줄 수 있는 건 이것밖에 없어!" 배 가운데 있는 때가 낀 배꼽이었다. 최씨가 석이에게 줄 수 있는 것은 배꼽밖에 없었다. 석이는 손가락으로 아빠의 배꼽을 누르면서 끝없이 웃었다. 석이의 웃음소리는 최씨의 초인종 소리처럼 끝이 미안한 것이 아니라 소방차의 비상벨처럼 매우 당당하고 큰, 건강한 웃음소리였다.

피난지에서

정길이는 아버지와 어머니가 하는 말을 잠자리에서 엿들었다.

"피난을 가기는 가야겠는데, 식솔을 다 데리고 갈 수도 없고……."

"식솔이 행동을 함께 해야지 전쟁이 언제 끝날지도 모르는데, 가족이 헤어진다는 것에 대해선 생각할 수도 없어요."

"그렇기는 해. 하지만 여섯 식구가 식량도 없는데, 내가 아들 둘만 데리고 잠깐 갔다 오면 어떨까? 빠르면, 보름이고 늦어야 한 달이면 된다는데……."

"난 그렇게 못해요. 살아도 함께 살고 죽어도 함께 있어야 돼요."

정길은 피난을 간다는 말에 정신이 번쩍 들었다. 그리고 가족은 함께 있어야 된다는 어머니의 말에 전적으로 찬성이었다.

"정 갈 데가 없으면 포항 할머니 집에 가요."

"어제 형님집에 들렀더니 피난을 포항으로 간다고 했어. 그

집 식솔도 만만찮은데 우리까지……."

"아무도 아는 사람이 없는 데 보다는 낫지 않아요?"

"그럼 내일부터 짐을 챙겨요. 가족이 모두 포항으로 가보지."

여행이라고는 해본 적이 없는 정길은 부모님이 피난 가야겠다는 말을 하는 것을 듣고는 뛸 듯이 기뻤다.

학교갈 때 항상 기차 건널목을 지나 다녔는데 그때마다 기차를 타고 여행 다니는 사람들이 그렇게 부러울 수가 없었다. 길남은 자기 또래가 열차 창에서 밖을 내다보면 그 아이가 부러워 팔뚝질도 하고 돌멩이도 던져 보았다. 정길이가 던진 돌멩이는 기차 근처에도 이르지 못하고 뚝 떨어지고 말았다. 그렇게 가고 싶은 미지의 세계로 피난을 간다니, 이건 정말 신나는 일이었다. 이튿날 잠에서 깬 길남은 아침도 제대로 먹지 않고 동네로 나가 피난 간다고 자랑하고 다녔다.

포항은 모든 건물이 파괴되어 있었다. 무너져 내린 담과 날아가 버린 지붕, 고장난 수도 파이프에서 물이 쏟아지고 있었다. 건물 형체라도 남아 있는 곳은 교회와 시청뿐이었다. 할머니 집은 죽도에 있었다. 문 앞에 조그만 물웅덩이가 있었는데 주위의 갈대밭이 인상적이었다.

정길은 그 겨울을 보내고 봄에 학교에 입학했다. 남녀 공학반이었다. 정길은 선생님과 학생들의 말을 알아들을 수 없었다. 그들도 정길이가 말을 할 때마다 웃음을 터뜨렸다.

"야, 오늘 니 나라 군대가 우리 나라 국군에게 몇 명이나 죽었는지 아나?"

“이거 느그나라 비행기제, 이 바라. 우리 국군 비행기가 쏘는 총에 니 나라 비행기 다 나가 떨어지제.”조그만 계집아이는 종이에다가 그림까지 그려 와서 정길이 앞에 내어 밀었다.

정길은 말에 일일이 대답하지 않았다. 그는 자기가 살고 있던 이북 나라와 지금 피난 나와 있는 이남 나라가 왜 싸우는지 몰랐다. 그리고 부모님도 이북이 좋아서 그쪽에서 산 것 같지도 않고, 그렇다고 이남이 마음에 맞아 피난 나온 것 같지도 않았다. 그냥, 전쟁터를 피해 이남에 나왔으니까, 어느 쪽이 자기 나라인지 분별이 가지 않았다. 아이들이 말할 때마다 우리는 이북이 싫어서 이남에 나왔으니까 이제부터 우리 나라는 이남이라고 말할 수 있지만 그렇게 되면 계집아이의 도화지에서 산산이 분해되어 버리는 이북 비행기가 너무 불쌍했다. 누군가는 형편없이 지고 마는 약자의 편에 있었으면 하는 마음에서 침묵하고 있었다. 정길은 자기가 남들보다 머리도 나쁘고 마음도 느리다는 점을 인정하고 있었다. 그렇지 않다면 피난지 초등학교 생활이 이렇게 힘들지는 않았을 것이라고 생각했다. 불과 일 년 전에 원수라고 증오하던 나라가 이세는 은혜의 국가가 되고, 해방군이 적군으로 변하고만 현실이 납득되지 않았다. 봄이 지나고 여름이 되었지만 아직도 그늘진 골목을 돌아 나온 바람이 서늘한 6월. 전쟁은 끝나지 않았는지, 미군 군함들이 부두에 군수물자를 내려놓고 있었다. 정길은 아버지의 일터인 부두 하역장에서 노는 날이 많았다. 산처럼 높게 쌓인 드럼통과 네모난 상자들. 흉측하게 생긴 대포와 시멘트 포대들 틈에 끼어 놀다 보면

흑인 병사들이 초콜릿이나 껌을 던져 주는 때도 있었다. 그런 날은 재수 좋은 날이었다. 정길은 그렇다고 해서 자신이 그런 것들 때문에 부두 하역장으로 가서 논다고 생각하지 않았다. 함께 놀 친구도 없고 딱히 찾아갈 만한 곳도 없기 때문에 그 곳에서 놀았다. 무엇보다도 그 곳이 정길의 마음을 끈 것은 전에는 생각지도 못하던 새로운 문명의 이기들이 있었기 때문이었다. 큰 군함 속으로 자동차들이 드나들고 괴상하게 생긴 느린 차가 길을 닦고, 바다 위로 나르듯 지나다니는 보트 등은 정길이가 전에 한 번도 본 적 없는 진귀한 구경거리였다.

"너, 여기서 무얼 하고 있니?"

"우리, 니 얼마나 찾아 다녔는지 아나?"

학교에서 정길이를 귀찮게 따라다니며 놀려대던 사내아이와 계집애였다. 정길은 자신의 은신처로 찾아온 두 어린이를 반기지 않았다. 심드렁한 표정으로 왜 찾았느냐는 물음을 대신했다.

"니, 여기서 무얼하노 고마, 니 껌디들과도 가깝다 카던데, 뭐 묵을 거 얻은 거 없나?"

"나, 거지 아니야. 먹을 것 없어."

"연드라야, 누가 니보고 거지라 캤나? 묵을 것 있으면 쪼매 갈라 묵자 이긴데……."

"여긴 뭣 하러 왔어?" 정길은 경계를 늦추지 않고 그들을 쏘아봤다.

"응, 저쪽 부두에 느그나라 군인들이 포로로 잡혀 왔드라. 그래서 니엔테 가르쳐 줄라고 여왔다 아이가?"

"우리 나라 군인?"

"마카 여군인데, 거제도로 간다 카드라."

"얼굴도 맨 우리와 같더라. 좀 더럽긴 해도……."

정길은 일 년 전 전쟁이 일어났다고 했을 때 마을에서 군에 자원입대한 누나들을 생각했다. 그 중에는 정길이가 나막신을 깨어 먹고 집에서 울 때 집까지 업어다 준 누나도 있었다. 정길이는 그 누나를 정말 좋아했다.

"포로들 어디 있어?"

"저쪽, 고래잡이배들이 있는데……."

정길은 그쪽을 향해 뛰기 시작했다. 그의 앞에는 고향 마을의 누나들 얼굴뿐이었다.

"야, 연드라야, 같이 가자."

정길이가 고래잡이배들이 모여 있는 선창가에 이르렀을 땐 이미 많은 사람들이 모여서 인민군 여포로들을 구경하고 있었다.

다 떨어진 군복을 걸친 여포로들은 구덩이 속의 짐승같이 웅크리고 앉아 있었다. 머리는 가시덤불같이 엉켜있고, 얼굴은 태어나서 세수린 해보지 않은 사람같이 더렵혀져 있었다. 모든 것을 포기한 자세였지만 덫에 걸린 짐승같이 경계심은 늦추지 않고 있었다. 그중 제일 병약해 보이는 포로만이 햇볕 쪽으로 고개를 내밀고 양지달금하고 있었다. 열 명은 더 되어 보였다. 고개를 숙이고 있는 포로들이 많았지만, 정길은 그 포로 중에 자신이 알고 있는 누나는 한 명도 없음을 알고 있었다.

정길은 자신의 마을 누나들은 절대로 저런 추한 꼴은 하지 않을 것이라는 것을 알고 있었다.

"저거 느그나라 여군 맞제?" 정길은 대답하지 않았다. 녀석이 너무나 큰소리로 말했기 때문에 양지달금하던 병약한 포로가 정길네를 보았다. 그녀의 눈만은 매우 맑고 깨끗했다. 그 맑은 눈이 정길이 눈과 잠시 마주 쳤다. 여포로의 눈에 잠시 이슬이 맺히는 듯 했다. 그녀는 곧 고개를 숙였다. 정길은 그 누나가 너무 가엾다고 생각했다. 그래서 그 누나가 어떤 입장이라는 것, 자신이 마음대로 행동해서도 안 된다는 것을 잃어버리고 말았다.

"누나!" 정길은 병약한 포로에게 뛰어갔다. 그리고 그녀를 안고 울기 시작했다.

정길은 오래도록 포로누나를 안고 울었다.

돼지 뽈 만세

에딘버러에서 우리 나라 축구대표팀과 가나팀이 축구경기를 한다고 해서 T · V 앞에 앉았다. 직장에서 늦게 퇴근하던 큰딸이 선심이라도 쓰듯이 중계를 나와 함께 보겠다고 옆에 앉았다. 전날 노르웨이와의 경기를 본 나는 가나팀의 움직임이 예사롭지 않음을 보고 "두어 골 차로 지겠다."고 예측을 했다. "만사가 그렇게 비판적이니까 될 일도 안 된다."고 딸이 큰 눈을 부라리며 나를 쏘아본다. "허,허,허. 내가 가지고 있는 온갖 지식과 경험을 동원해서 판단을 한 건데." 나는 할 말을 잊고 놀아 앉았다.

비교적 다정하게 지내는 부녀사이를 갈라 놓는 축구는 온 국민을 감정의 소용돌이 속에 몰아 넣고 있다. 매우 의미 있는 전시회나 화려한 공연이나 이벤트도 많은데, 온 나라와 전 세계가 월드컵 열기에 들떠있다. 친구들도 "토고는 몰라도 스위스에게는 안될 것 같다"고 하면, 이유는 묻지도 않고 매국노 보듯 쏘아

본다. 축구에 관한한 감정만 있을 뿐, 합리성을 찾을 길이 없다. 이성과 질서가 뒤로 밀리고 감정과 혼돈이 지배하는 축구 경기장은, 그래서 축제의 마당이 되기도 하고 종교적 제의와 연관되어 설명되기도 한다. 구기 중 많은 사람들이 축구를 좋아한다. 야구, 배구, 농구, 미식축구, 럭비, 테니스 등 취향에 따라 선호하는 것이 사람마다 다른데, 축구만은 모든 사람들이 좋아하는 것 같다. 야구나 미식축구를 축구보다 더 좋아하는 곳도 있지만 대부분의 나라들은 축구를 좋아한다. 축구가 다른 구기에 비해 사람들의 사랑을 받는 이유를 곰곰이 생각해 보았다. 축구는 사람의 몸 중 발로 하는 운동이다. 팔과 손을 제외하고 전신을 사용할 수 있지만 다리와 발이 가장 많이 활용된다. 인간의 지체중 손바닥 감각이 가장 섬세하게 발달한 것 같다. 그래서 손바닥으로 쥔 물건은 정확하게 건넬 수도, 던질 수도 있다. 야구나 농구 선수들이 볼을 패스하거나 던질 때 정확한 것은 그같은 이유에서이다. 그런데 발은 볼을 던질 수 없다. 발로 굴리거나 찰 수밖에 없다. 손에 비하여 무딜 수밖에 없는 발은, 그래서 볼을 의도한 대로 보내고, 지정된 곳에 넣으려면 끝없는 훈련을 쌓아야 한다. 그리고 또 있다. 운동장의 상태나 상대 선수와의 관계에 의해 발과 다리의 의도는 제대로 실현되지 못하는 경우가 많다.

축구공은 둥글다. 축구공이 삼각형이거나 사각형이었다면 어떻게 될까? 둥근 공은 외부의 힘에 의하여 움직인다. 손에 비해 섬세하지도, 정확하지도 않은 발에 채여 움직이니, 엉뚱한 곳을 향해 튕겨 나갈 수밖에 없다. 축구공보다 예측할 수 없이 튕겨 나가는 것이 길쭉한 럭비공인데, 이것은 손바닥으로 던지고 팔과 손으로 받을 수 있으니 의외의 방향으로 날아갈 확률은 축구공보다 없다고 할 수 있다.축구는 열한 명이 하는 경기다. 공격수나 골키퍼의 중요성을 강조하는 전문가도 있지만 따지고 보면 열한 명이 다 주인공이 다. 그리고 열한 명이 다 골을 넣을 수 있다.

나는 연극이란 예술을 가장 민주적인 예술이라고 해 왔다. 연극은 주인공이 있어야 되지만 동시에 엑스트라나 소도구 담당자가 있어야 공연이 된다. 가장 많이 무대 위에 있어야 되는 배우와 무대 뒤, 보이지 않는 곳에서 수고하는 작은 자가 중요시되는 예술이 연극예술이다. 그래서 연극은 민주적 예술이라는 칭호를 얻었다. 그러나 축구는 야구의 피처나 미식 축구의 쿼터백과 같이 한두 사람에게 의존하지 않는다. 열한 명이 다 중요하고 열한 명이 다 주인공이다.

기가 막히게 잘 짜여진 세계, 한두 시간의 여유나 자동차 한 대 세워 둘 수 없는 비좁은 공간에서 허덕여야 하는 사람들. 민주주의라고 하면서 귀하고 중요한 사람들은 따로 존재하고 있어 그들의 의도에 의해 개인들은 점점 작아져, 난쟁이가 되어가는 세계에서 예측불허성이나 의외성, 변이, 평등, 민주성은 환희의 현장이 된다. 축구장은 질서가 존재하기 전의 카오스 시대, 먼 옛날, 아득한 그때, 신이 이 세상을 창조할 때의 혼돈의 시대를 경험하게 한다. 월드컵은 기존의 질서를 혼돈 속에 몰아 넣고 새 질서를 창조한다. 이것을 우리는 월드컵의 제의성이라고 한다.

축구공이 둥글지 않고 럭비공같이 길쭉하다면 어떨까? 그렇다면 공의 방향은 더 예측하기 힘들 것이다. 럭비공으로 월드컵을 치른다면, 지단, 호나우도, 피구, 발락 등이 맥을 출 수 있을까? 그들이 맥을 추지 못하는 월드컵이라면 얼마나 의외의 장면과 결과가 많이 나오겠는가?

나에게는 매우 귀한 경험이 있다. 그때 우리에게는 공차기 놀이는 있었지만 축구공은 물론이고 작은 고무공도 없었다. 읍내 아이들이 작은 고무공을 가운데 두고 몰려다니는 것을 보고 공차기하는 방법을 알 뿐이었다. 나는 그런 풍속이 누구에 의해, 어떻게 전해졌는지 지금도 모르고 있다.

마을에선 일 년에 몇 번씩 돼지를 잡았다. 돼지를 잡을 때면 마을 아이들이 그 주위에서 서성거렸다. 칼을 들고 돼지 배를 개복한 어른들은 우리들에게 둥글고 흐물거리는 돼지 오줌통을 던져 주었다. 우리들 중 제일 큰 아이는 아직도 김이 나고 있는 돼지 오줌통을 두 손에 담아서 어른들이 보이지 않는 한적한 곳으로 옮긴다. 우리는 그의 뒤를 따른다. 오줌통을 옮긴 소년은 그것을 땅바닥에 놓고 발로 비비기 시작했다. 심하게 밟고 비비지는 않았다. 그는 오줌통 겉의 허연 이물질과 기름기가 빠져나갈 때까지 비볐다. 돼지 오줌통에서 이물질이 떨어져 나가고 물기가 제거된 다음, 소년은 나를 보고 자기 등에 업히라고 했다. 그는 미리 준비한 갈대 대롱을 오줌통 입구에 넣고 입으로 공기를 불어넣었다. 다른 소년은 오줌통 입구에 실을 감고 공기가 찼다고 생각될 때 묶는 역할을 하기로 되어 있었다. 오줌통에 들어간 공기의 양에 대한 측정은 대롱을 입에 문 주인공이 하기로 되어 있는데, 그는 공기가 가득 차면 두 번 고개를 끄덕거리기로 했다. 주인공의 등에 업힌 나는 입으로 바람을 심하게 불어 내면 두 눈알이 굴러 나온다고 믿는 소년의 눈을 누르는 역할을 했다. 나를 포함한 세 소년이 제각기 자신의 역할을 충실히 한 결과로 돼지 오줌통은 둥그스름한 큰 '돼지 뽈'로 변신했다. 그러면 주위의 아이들은 탄성을 지르며 돼지 뽈을 환영했다. 우리가 만든 돼지 뽈은 축구공같이 정확하게 둥글지도 않고 럭비공처럼 길쭉하게 균형을 유지하지도 않았다. 고무 풍선에 가깝기는 했지만 탱탱한 풍선은 아니었다. 돼지 뽈은 바닷가 모래사장이나 동네의 공터, 추수가 끝난 타작마당에서 잘도 굴러다녔다. 덩치가 크고 힘이 센 소년이 두세 명의 꼬마들을 제치고 골문을 향해 힘껏 찼는데도 나가다 멈추고 영악한 아이가 자기 팀에게 똑바로 패스해도 옆으로 삐져 나갔다. 돼지 뽈은 자기 마음대로 굴러다니고 삐져 나오고 날아 올랐다.

바닷가 조그만 마을 소년들의 돼지 뽈차기는 공을 가운데 둔 두 팀의 게임이 아니라 공과 아이들의 행진이었다. 이기거나 지거나 또 비긴다는 것은 아무런 의미가 없었다. 공을 향해 뛰고 넘어지고 웃는, 뽈과 아이들이 만들어 낸 축제의 마당이었다.

돼지 뽈의 비균형성, 물렁한 부드러움 그 못생김은 어린이들의 천진성과 더불어 동화나 신화의 세계를 만들어 나갔다. 돼지 뽈은 여자아이들도 즐겨 찼다. 아이들의 공차기를 곁눈으로 보던 서당 훈장 할아버지 앞으로 볼이 굴러가면 그는 발로 밀어내었다. 돼지 뽈이 앞서고 아이들이 뒤따를 때는, 골대도 내편도 네편도 없는 세상이 되었다. 먼 옛날 돼지 뽈차기의 흥분된 감정은 지금도 내 심장과 혈관 속에서 살아 숨쉰다.

이기기와 지기가 없는 돼지 뽈차기는 이 세상에서 가장 아름답고 순수한 뽈 차기다. 오락성과 상업성이 범하기 이전의 축구는 경기나 시합이 아니라 축제의 행진이며 자유의 춤사위였다.

여름 · 바다 · 구름

해남 대흥사에서 일박하고, 땅끝 마을로 향했다. 초행이 아니라 낯설지 않아서 좋았다. 토말 전망대에서 내려다보는 바다 전경은 장관이었다. 해질녘의 바다는 금빛으로 변하고 섬들은 검은 새가 되어 물결 위에서 날아다닌다. 갈매기의 날개짓은 한가로워 나그네에게 세상을 잊게 한다. 움직임이 날렵하지 못한 연락선을 타고 보길도로 향했다. 배가 지나간 자리를 바라보며 잠시 상념에 잠겼는데 눈이 움푹 파이고 광대뼈가 두드러지게 나온 선원이 목적지에 이르렀다고 한다.

버스에 앉아 섬 주위를 도는데, 길 양옆에 해초가 수북이 쌓여 있다. 길이 아니고 해초 건조장이었다. 해초 건조장 사이로 차가 겨우 빠져나가고 있었다. 해초는 톳이었다. 표준어나 학명이 톳인데, 동해안에서는 뜸부기라고 한다. 뜸부기는 바닷가에서 흔히 볼 수 있는 해초다. 봄에 나온 새순은 무쳐먹기도 한다.

우리 나라 바다 속 숲의 주종이 뜸부기인데, 이 숲에서 놀래미, 열기, 우럭, 게, 문어, 도미 등이 살고 있다. 도루묵은 뜸부기 숲에다 알을 깐다. 가끔 조류에 뿌리가 뽑힌 뜸부기 덩어리는 먼 바다까지 부유해 가는데, 장난꾸러기 작은 고기들은 이 숲에 누워 쉬기도 하고, 재잘거리며 잔물결을 만들어 내기도 하고, 사랑을 속삭이기도 한다. 물위로 떠다니는 뜸부기 숲은 꽁치들의 러브호텔이다. 꽁치들은 따뜻한 바다 위로 떠다니는 뜸부기 가지에 알을 깐다. 그러니 러브호텔일 뿐 아니라 산부인과 병원이라고도 할 수 있다.

지금 보길도는 거대한 톳의 건조장이다. 저 엄청난 톳은 일본으로 수출된다고 한다. 60년대나 70년대 초에는 동해안 톳들이 일본으로 건너갔다. 낚시질하다 낚시가 톳의 줄기에 걸려 애를 먹는 경우가 많았다. 물결에 톳의 가지가 흔들리면 낚싯줄도 덩달아 움직인다. 그러면 낚시꾼은 물고기가 입질하는 줄 알고 대를 치켜올린다. 낚시는 미끼를 내버린 채 톳의 줄기에 박혀버린다. 강태공으로 입문하는 사람들은 처음 이 톳들과의 실갱이에서 이겨내야 한다.

현재 동해안에는 톳이 거의 없어졌다. 톳이 사라진 바다 속은 공허하고 허망하다. 바위에 배를 깔고 톳의 잎으로 몸을 숨긴 놀래미도, 자신의 거처 입구를 톳 줄기로 장식한 문어의 집도 찾아보기 힘이 든다. 톳을 채취할 때 뿌리와 가지만 있으면 다음 해에 다시 싹이 나와 바다 속의 숲을 이룬다.

여름이 되면 나는 자맥질 장비를 갖추고 바닷가로 간다. 물안경과 스노클과 발갈퀴가 전부다. 물이 차면 잠수복(슈트) 윗저고리도 입는다. 한가한 포구를 만나면 물에 뛰어든다. 물론, 어촌계에서 하는 양식장은 피해야 된다. 그 날도 서쪽에서 뻗어오던 부드러운 산이 동쪽 끝에서 벼랑을 이루고 남쪽 겨드랑이에 반원형 포구를 형성한 마을에 이르렀다.

낡은 전마선 몇 개가 복부를 드러내고 뒹구는 한적한 포구는 사람들의 그림자도 찾아볼 수 없었다. 바다가 긴 한숨을 쉬다 숨을 뱉을 때마다 흰 거품이 몰려와 방파제를 때렸다. 물에 발을 넣어 보았다. 따스했다. 슈트를 입을 필요는 없었다. 수경을 쓰고 바다 속에 뛰어 들었다. 물 속은 포근하고 안온했다. 나는 어머니 품에 안기듯 물 속으로 깊고 넓게 파고들었다. 해초들의 매끄러운 감촉이 손끝에 스쳤다. 톳이 무성하게 자라는 숲이었다. 톳 잎 사이의 동그란 열매가 손가락 사이에 끼었다. 그뿐 아니었다. 톳가지는 내 얼굴과 겨드랑이와 등과 다리와 발을 어루만져 주었다. 옛날, 아득한 옛날에 나를 쓰다듬어 주던 해초들의 손길이 지금 내 몸을 어루만져 주고 있다. 시간은 옛날로 돌아가고 공간은 변하지 않았다.

내 귀와 입언저리를 간질이는 해초잎을 입으로 물어 보았다. 숨이 찼다. 발로 땅을 차며 수면으로 올라왔다. 뿌우연 물안경을 통해 본 세상은 변할 줄 모르는 거대한 바위같이 그곳에 있었다. 내가 어디에, 어떻게 있은들 세상은 항상 그대로 있으리라. 나는 숨을 몰아 쉬고 다시 물 속으로 들어갔다. 톳 숲을 지나 좀 더 깊이 들어갔다. 계곡이 나타났다. 계곡 틈에 듬성듬성 바위들이 깔려 있었다. 홍합들은 바위 틈에, 불가사리는 바위 옆에, 성게와 소라도 붙어 있었다. 해삼과 전복은 보이지 않았다. 작은 줄돔들이 현란한 색을 뽐내며 눈앞에서 어른거렸다. 다시 바위를 차고 수면 위로 올라왔다. 가쁜 숨을 휘파람으로 토해냈다. 세상은 그대로인데, 그 세상이 해조음과 내 휘파람소리에 놀라는 것 같았다.

방파제 끝으로 작은 소년이 낚싯대를 들고 걸어 나오고 있었다. 푸른 하늘이 보였다. 희미한 구름이 한가롭게 떠다니고 있었다. 나는 땅에서보다는 바다에서 더 자유롭게 몸을 놀릴 수 있다. 그래서 물을 박차고 뛰올라 하늘의 구름을 향해 팔을 휘저었다. 구름은 아는 체 않고 그냥 제자리를 지킬 뿐이었다. 그러나 나는 저 구름이 나를 기억하고 있음을 알고 있다. 나도 어릴 때는 내 또래의 어린 동무들과 마찬가지로 수영할 줄 몰랐다. 나는 물 속에서 자유스럽게 놀고 싶었다. 마음대로 가고 싶은 곳으로 가고 싶었다. 그래 물속으로 한걸음씩 발을 옮겨 놓다가 발을 헛디디고 말았다. 하늘과 구름과 포구의 동무들이 보였다. 퐁하는 순간 세상이 보이지 않다가 다시 퐁하고 세상으로 나왔다 또 잠겼다. 포구에서 아득히 아우성 소리가 들려왔다.

그러다 정신을 잃고 말았다.

강하면서도 부드러운 손길을 느낄 수 있었다. 마을에서 제일 키가 큰 누나가 물 속으로 뛰어들어 나를 끌어안았다. 희미한 정신 속에서 누나의 흰 살결과 하늘과 구름을 볼 수 있었다. 아무도 알아차릴 수 없었지만 흰구름은 누나의 품에 안겨 나긋한 만족감에 빠진 내 마음을 보았으리라. 다섯 살 때의 일이었다. 내가 바다에서 좀 더 자유스러워졌을 때, 나는 내 옷을 구름에게 맡겼다. 하늘에 떠 있는 흰구름을 표시로, 모래사장에 옷을 숨겨 놓고 물에 뛰어 들었다. 물에서 한참 놀다 옷 찾으러 가면 구름은 내 옷을 갖고 도망쳐버렸다. 집에 가서 어머니에게 야단 맞는 것은 그런대로 참을 수 있었다. 그러나 팬티도 입지 않고 바닷가에서 집까지 뛰어가는 일은 정말 괴로웠다. 마을 아이들은 깔깔거리고 어른들은 혀를 차며 내 머리를 쥐어박았다. 구름에 배신감을 갖게 된 나는 해당화 숲의 소나무와 친해졌다. 소나무 발 아래에 옷을 두고 덮어두면, 옷은 언제나 그 곳에 있었다. 소나무는 변하지 않는 보초병이었다. 그래서 나는 조개와 홍합이 품고 있던 좁쌀만한 진주를 발견하면 누나의 분통 속에 넣어 소나무에게 맡겼다. 진주는 비오는 밤 천둥소리에 놀라 소리에 놀라 커진다고 했다. 나는 수면을 가르며 다시 물 속으로 파고들었다. 접시가 깨어지는 듯한 소리가 들렸다. 나를 본 말자지 조개가 짱하고 입을 다무는 소리였다. 그 놈을 잡아 수면으로 올라오려는데, 계곡에 숨어있던 전복이 이동하는 것이 보였다. 큰 놈이었다. 저것은 놓칠 수 없지. 몸을 움직여 전복 곁으로 갔다. 갈퀴로 전복을 뒤집었다. 쉽게 떨어졌다. 전복을 손에 넣으니 숨이 넘어갈 것만 같다. 정신이 몽롱해 왔다. 발로 바위를 차며 급히 수면 위로 부상했다.

순간인 것 같은데 길게 느껴졌다. 멀리 방파제 끝이 보였다. 그때 큰 파도가 방파제에 부딪치는 것이 눈에 띄었다. 하얀 물보라를 뒤집어 쓴 소년이 물결에 밀려 바다에 빠졌다. "용수야, 용수야." 나는 말자지 조개랑, 전복이랑, 갈퀴를 던져 버리고 소년에게로 헤엄쳐 갔다. 소년은 방파제 곁에서 밀려나 허우적거리고 있었다. 그런 그의 얼굴을 수면 위로 떠받들며 물가로 나왔다. "용수야, 임마! 아직도 수영을 못하면 어떻게 해?"

정신을 차린 소년이 눈을 휘둥그레 뜨며 나를 쳐다보았다. "용수는 우리 할아버지 성함이에요." 나는 한 손으로 내 얼굴을 만져 보았다. 나는 한동안 내 나이를 잊고 있었다. 지금의 나를 잊고 옛날의 나를 찾아준 여름 바다가 한없이 고마웠다.

아버지와 아들

노인은 항상 침묵하고 있었다. 젊었을 때 오츠크, 베링에서부터 동지나해에 이르기까지 풍선을 몰고 다닌 유명한 선장이었다는 이야기는 바람을 타고 귓전을 스친 소문일 뿐이었다. 어깨가 약간 굽은 마른 체구로 눈은 매우 깊었다. 홀쭉한 얼굴은 오랜 바다 생활 탓으로 검게 타고 입술은 결의로 다져져 열릴 줄 몰랐다. 평범한 한국노인의 얼굴 같지는 않았다. 산악이나 평원에서 말을 달리던 위그루족을 연상시켰다. 노인의 이는 의치였다. 그것은 노인이 바람과 파도를 뚫고 항해할 때 키를 잡고 이를 악물었기 때문이라고 했다. 노인은 필요한 경우 옆 사람과 말을 하는데 음성은 크지 않고 발음은 또렷했다. 그러나 위급한 상황에 이르렀을 때, 그래서 노인이 갑판장이나 선장에게 정보를 전하거나 명령에 가까운 소리를 지를 때의 음성은 쇳소리가 난다고 했다. 그 때 노인의 음성은 칼이 되어 파도와 바람을 가른다고 했다. 그러나 노인의 그 같은 음성을 들은 사람도, 들을 기회도 좀처럼 오지 않았다.

노인은 평범한 어부로 생활하고 있었다. 하루 작업을 마치면 작업복을 말리고 낚시들을 손질하여 다음날 작업을 예비하고 식사하고 휴식을 취했다. 일반 뱃사람들과 다른 점이 있다면 선창가의 주막에 들려 술을 마시지 않는다거나 육지의 일에 별 관심을 보이지 않는 점뿐이었다. 어부들은 바다일이 힘이 들기 때문에 쉰 살이 넘으면 뱃일을 하지 않으려고 한다. 그러나 노인은 환갑이 되었음에도 불구하고 배를 타고 있었다.

그해 늦은 여름 노인은 작은 아들을 데리고 남바로에 나섰다. 남바로는 동해안 북부에서 배의 크기에 따라 선원들이 적게는 7, 8명이, 많게는 20여 명씩 타고 오징어 떼의 움직임에 따라 남쪽으로 가면서 하는 어로행위를 말하는데, 8월 중순에서 11월 말까지 한다. 일정한 항구를 정하고 입출항을 하지 않아 선원들은 배에서 숙식을 한다. 고기떼를 따라 이동해야 하므로 바다의 집시 생활이라고 할 수 있다.

대부분의 바다 사람들은 뱃일이 하기 힘들기 때문에 후세에게 물려주지 않으려고 한다. 좋은 교육을 시켜 땅에서 조금은 수월한 일을 하며 살기를 바란다. 그러나 노인은 자식들에게 바다 일을 권하는 편이었다. 애써 배를 타라고 설득하진 않았지만, 그 일만큼 정직한 일이 없다고 했다. 그래서 노인은 둘째 아들이 남바로 길에 동행하겠다는 청을 거절하지 않았다. 아직 소년의 티를 벗지 못한 노인의 아들은 신나게 아버지의 뒤를 따라 나섰다. 그리고 그도 노인을 닮아 바다에서 침묵을 배우며 내면으로 시선을 돌렸다. 오징어 배는 해지기 전에 작업장에 이르러 바다 속에 물돛을 넣는다. 물돛은 해류에 따라 흐를 수밖에 없는 배의 움직임을 둔하게 한다. 낚시를 바다 속에 넣으면 오징어가 잡히기 시작한다. 보통 해지기 직전 반짝 잡히고는 자취를 감춘다. 어부들은 갓 잡아 올린 오징어로 회로 뜨거나 불에 구워 식사를 한다. 저녁식사 후 어부들은 오징어가 잡히지 않는다는 이유로 갑판에 누워 눈을 부치거나 잡담으로 시간을 보내지만 노인은 말없이 작업을 계속한다. 노인은 심심찮게 한두 마리를 끌어올린다. 만선하는 경우, 노인은 다른 선원들과 비슷하게 어획고를 올리지만 그렇지 못할 때는 항상 남들보다 많이 잡는다. 관찰력이 없는 선원들은 노인이 오징어를 많이 잡는 것은 노인이 앉는 위치가 좋기 때문이라고 한다. 노인의 자리는 조타실 아래 배 위 중간 지점이었다.

주문진항을 떠난 배는 밤새 작업을 마치고 삼척 정라진 포구에 입항했다. 그날도 노인은 다른 선원들에 비해 어획고를 두 배나 올렸다. 젊은 층들은 선장에게 노골적으로 불만을 터뜨렸다. 자리를 고정시키지 말고 돌려가면서 앉자는 의견이 나왔다. 선장은 그럴 수 없다고 했다. 그때 노인은 작은 목소리로 선장을 불렀다. 그는 선장 귀에다 대고 속삭였다. 선장은 한참 망설이더니 고개를 끄덕거렸다. 그날 저녁부터 노인의 자리는 배의 고물로 바꿨다. 고물은 자리가 불편하고 고기가 잡히지 않아 신참들에게 돌아가는 자리였다. 노인의 아들은 화가 났으나 아버지 표정이 편안했으므로 그대로 참았다. 그의 분노는 이튿날 아침 노인이 자리를 옮겼음에도 불구하고 오징어를 제일 많이 잡았기 때문에 자연히 풀렸다. 그러나 노인이 자리를 옮기지 않았을 때의 마음 상태는 아니었다.

배의 중간지점에 있던 노인은 고물에 가고 아들은 처음부터 이물에 있었으므로 부자의 거리는 배의 끝에서 끝으로 멀어졌지만 마음까지 멀어진 것은 아니었다. 그들은 각기 남의 눈에 띄지 않고 배의 작업을 계속했다. 소년이 밥을 짓고 반찬도 마련해서 널빤지 식탁에 상을 차리면 노인이 아무 말 없이 수저를 들고 식사를 했는데, 그 모습이 좋게 보여 어부들이 입을 삐죽거리기도 했다.

어부들은 터부를 가지고 있다. 바다 생활은 매우 위험하다. 언제 사고를 당할지 모른다. 그래서 가급적이면 일가친척이 한 배를 타지 않는다. 더군다나 부자가 같은 배를 탄다는 것은 있을 수 없는 일이다. 그런데도 바다 풍습에 익숙한 노인이 아들과 함께 배를 탔다. 그리고 모든 뱃사람들이 부러워 할 만큼 함께 식사하고 자며 작업을 했다.

노인의 아들은 아버지를 자세히 관찰했다. 아버지는 노어부답게 권위로 타인을 누르지 않았다. 자리 사건에서 보았듯이 주로 양보하는 편에 서 있었다. 그런 노인을 뱃사람들은 양반어른이라 호칭했다.

남바로에 나선 어부들은 자기가 잡은 오징어 중 아침에 잡은 것, 가장 큰 것 몇 마리를 손질해서 조타실이나 기관실 위에 널어 건조하는 경우가 있다. 이것은 주로 나이든 사람들의 몫이었다. 젊은이들은 자상하지 못할 뿐 아니라 오징어를 건조할 공간이 없어 어른들에게 양보할 수밖에 없다. 동쪽 바다에서 태양이 바다를 붉게 물들이며 떠오를 때 잡은 오징어는 갑판에서 자신의 몸색을 검붉은 바다 빛으로 변화시키며 죽어간다. 그런 놈을 일본말로 아사이찌라고 하는데, 이것들은 살이 두꺼워 육질이 과일같이 아삭거려 인기가 좋다. 고참어부들은 아사이찌를 배에서 말려 귀항할 때 선물용으로 가져간다. 선원들은 이것으로 신세진 이웃이나 자녀들의 교사, 아내가 나가는 교회의 목사님에게 드린다.

오징어 떼가 대보 앞을 지나 구룡포나 울산 앞바다에 이르면 남바로 배들은 모항으로 귀항할 채비를 한다. 노인이 탄 배가 울산 방어진에 정박했을 때 하늬바람이 몹시 불었다. 바람 때문에 배가 출항하지 못하게 되자 소년은 50여일 만에 처음으로 외출할 수 있었다. 소년은 평소에 가보고 싶었던 개운포로 향했다. 개운포 처용암 앞에서 소년은 처용과 그의 아내와 낯선 사내를 생각했다.

처용은 낯선 사내와 자신의 아내가 놀아나는 현장을 보았다. 모든 믿음과 가치가 부서지는 현장에서 처용은 춤을 추고 있었다. 소년의 가슴 속으로 아픔이 밀려와 응어리지더니 한쪽에 굳게 박혔다. 응어리 속에는 젊은 어부에게 자리를 양보하던 아버지의 모습도 있었다.

소년이 배에 돌아오자 갑판 위에서는 조그만 소동이 벌어지고 있었다. 배에는 육지에서 신문사 지국장을 했다는 사람이 타고 있었는데, 그 사람이 노인이 애써 말린 오징어를 자기 것이라고 우기는 데서 비롯되었다. 노인은 늦은 여름부터 초겨울에 이르는 긴 기간동안 오징어 백여 마리를 말려 다섯 축으로 묶어 두었다. 마침 하늬바람이 불어 그것을 조타실 위에 걸어 말리는데 지국장 출신이 그 중 세 축은 자기 것이라고 하였다.

노인뿐 아니라 다른 어부들도 그 오징어 다섯 축이 노인의 것이라고 했다. 젊은 어부, 지국장 출신은 그렇다면 오징어들이 노인의 것이라는 증명을 대라고 했다.

"양반 노인이 이까짓 다섯 축 갖고 왜 그러세요? 여기 어디에 노인의 것이라고 쓰여 있습니까, 표가 있습니까?"

소년은 아버지의 표정을 살폈다. 노인은 분노와 난감함으로 가늘게 떨었다. 노인은 역신에게 자기 가랭이 두 개를 빼앗기고도 무릎을 꿇은 처용의 아픔을 보았다. 소년은 노인이 그냥 저렇게 떨다 말겠지 하고 생각하니 화가 나기 시작했다. 소년은 남바로 내내 남들에게 양보만 하고 큰소리 한번 치지 못하는 아버지가 원망스러웠다. 뱃사람이면 뱃사람답게 살면 그만이다. 그런데 양반이면 또 무얼 하겠단 말인가. 모시옷이나 베옷을 입고 서당주위에서나 헤맬 일이지, 거친 바다에 나와서 무얼 하겠단 말인가. 소년은 아버지가 원망스러웠다. 그런 아버지에 대한 생각이 젊은 어부를 향한 미움으로 바뀌는 찰라 지국장이 입을 열었다.

"내가 한발 양보하지. 노인 양반이 세 갤 갖고, 내가 두 갤 갖지."

그는 권위를 가진 재판장이 되어 한 걸음 뒤로 물러난 듯한 판결을 내렸다. 그것은 거래가 아니라 단정이었다. 배에 타고 있던 모든 사람들은 이제까지 노인의 날램이 저렇게 비호같이 빠르리라고 상상해 본적이 없었다. 노인은 호랑이가 되어 젊은 어부의 손에서 오징어를 낚아챘다. 그리고 한발로 그의 정강이를 찼다. 젊은 어부는 일순간에 갑판 위에 떨어졌다.

"강도에게 줄 수는 있어. 넌 강도보다 못한 놈이야. 치사한 놈에겐 한 마리도 줄 수 없어."

배에 타고 있던 모든 사람들은 그때서야 노인의 목소리가 바람을 가르는 칼이라는 것을 알 수 있었다. 쩌렁쩌렁한 노인의 음성은 바다 밑 깊이까지 가서 밝히고 있었다.

"너 같은 놈이 탐낸 이 오징어도 더럽다."

노인은 손에 들고 있던 오징어 두 축을 던졌다. 한데 묶여 있던 오징어들은 하늘로 오르면서 마흔 개에서 백 개로 흩어졌다.

노인의 손을 떠난 오징어들은 무희의 소매 깃 같이 너울거리다가 다시 살아서 바다 위로 내려앉았다. 노인의 몸은 처용무를 추고 있는 것처럼 보였다. 노인은 처용이었다.

노인은 세상에서 더럽혀진 모든 것을 던져 버릴 수 있는 힘을 지니고 있었다. 소년은 자신의 가슴에 박혀있던 응어리가 풀리면서 몸이 비상하고 있음을 느꼈다. 그리고 자신의 닻을 던져야 될 곳을 발견하고 무한히 기뻤다.

●●●

사탕 이야기

친구들과 북한산 입구를 들머리로 산에 오르기 시작한 것은 오전 열시 반이 되어서였다. 북한천을 끼고 도는데 물이 맑고 청아하여 영하의 기온인데도 옷을 벗고 뛰어들고 싶은 심정이다. 대남문, 대성문을 거쳐 정릉 매표소에 이르니, 벌써 오후 두 시가 되었다. 길가의 허름한 음식집에 들러 해장국을 시켰다. 일행 중 한 명이 배낭에서 초콜릿을 꺼내 건넨다. 몸의 식감이 해장국 속의 선지와 콩나물, 국물을 향해 곤두 서 있는데 초콜릿이라니, 언뜻 손이 나가지 않는다. 내 떫떠름한 표정을 읽고, 그는 다른 품목을 제시한다. 요즘 좀처럼 보기 힘든 옛날식 사탕이다. 한 알을 받아 손바닥에 놓으니, 까칠한 굵은 설탕이 겉에 붙어 있는 옛날 사탕이 분명하다. 그 사탕과 해장국은 잘하면 맛을 맞출 수도 있겠다는 생각이 들어 입에 넣어 버렸다.

"오늘 발렌타인 데이예요. 사랑하는 연인에게 초콜릿을 선물하는 날이예요."

"별 날 다 있군. 십중팔구 초콜릿 장사들이 만들어 낸 날이겠구만."

"요즘은 젊은 사람들뿐 아니라 나이 드신 분들도 선물해요. 이따 들어가실 때 사모님께 선물하세요."

"쑥스럽게……. 사탕이면 또 몰라도."

"초콜릿은 안 되고 사탕은 된다는 법이 어디 있어요?"

"초콜릿 날은 있고, 사탕 날이 없는 이유부터 따져 보는 게 순서지……."

그때 해장국이 나왔으므로 발렌타인 데이에 대한 화제는 거기서 끝났다.

그런데 북한천의 맑은 물 때문인지, 계곡의 얼음 위로 나는 가둑잎 소리가 귓가를 맴돌아서인지 사탕 생각이 꼬리를 물고 이어졌다. 내 어릴 때의 사탕은, 그냥 사탕이라고 이름하지 않고 '눈깔사탕' 이라고 했다. 단것이라고는 엿이나 사탕수수대 밖에 없는 마을에 사탕이란 것이 나타났는데, 우리는 그 사탕을 '눈깔사탕' 이라고 했다. 사탕을 왜 눈깔사탕이라고 했을까? 사탕이, 사람의 눈처럼 둥글고, 눈만큼 커서 '눈깔사탕' 이라고 했을 것이란 생각이 들기도 하고, 사람의 몸에서 눈이 매우 귀한 지체이니까, 사탕도 귀할 테니까 '눈깔사탕' 이라고 했을 것이라는 추측도 했다. 아무튼 나와 동무들은 눈처럼 귀하고 둥근 사탕을 매우 좋아했다. 그 시절 사탕은 마을에 하나밖에 없는 가게 좌대 맨 앞 상자 속에 들어 있었는데, 상자의 뚜껑은 먼지로 덮여 있었다. 우리가 동전을 내어 밀면 다리하나가 없는 안경을 낀 노인은 더러운 손으로 사탕을 하나 꺼내 우리 손에 얹어 주었다. 사탕은 이 세상의 모든 어려운 문제를 푸는 해결사였다. 어른들에게 있어서 제일 풀기 힘든 문제는 우는 어린이의 울음을 그치게 하는 일이 아니었나 생각한다. 어른들은 어린이 울면 호랑이가 온다고 했다. 어린이들은 호랑이를 본 적도 없지만 호랑이가 온다는 말만 듣고도 훌쩍거리며 울음을 그쳤다.

어린이들이 울음을 울어도 호랑이가 오지 않는다는 사실을 알았을 때, 어른들이 만들어 낸 다른 괴물은 순사였다. 긴 칼을 찬 순사가 온다면 어린이들은 역시 훌쩍거리며 울음을 그쳤다. 순사도 호랑이와 마찬가지로 울음의 여운은 남게 했다. 그러나 어린이들의 울음을 일순간에 그치게 하는 것은 사탕뿐이었다. 사탕은, 어린이들이 머리나 배가 아플 때 또는 고플 때, 집이나 시장길 어디서나 그들의 문제를 해결해 주는 약이 되었다.

내가 태어나 자란 동네는 제도 교육을 받기에는 좋지 못한 곳이었다. 학교는 마을에서 먼 읍에 있었다. 집 뒤에는 바다를 막고 있는 바위산이 있었다. 산은 파도에 떠밀려 가슴을 비우고 동굴을 만들어 주었다. 동굴은 조그만 천연 포구를 형성했는데 물결음, 돌제비, 갈매기 소리까지 화음을 이뤄 매우 아름다운 풍경을 만들어 주었다. 파도가 부딪치는 절벽과 그 위의 들꽃피는 구름, 절벽 끝의 느티나무와 박쥐굴, 그 아래 모래사장과 작은 바위들……. 먼 바다에 떠 있는 바위틈새에서는 물개들이 놀고 있었다. 마을과 마을의 경계는 늪을 이뤄 갈대를 키우고 숲에는 온갖 새들이 떼지어 다녔다. 멀리 보이는 학머리산의 꿈꾸는 모습은 우리들을 학교로부터 멀어지게 했다. 봄, 가을, 여름할 것 없이 나는 그 산하의 품에서 놀며 학교를 멀리했다. 학교보다는 자연에 도취되어 있는 나의 병을 고치는 방법을 어른들은 알고 있었다. 그들은 외발 안경잽이 노인의 가게에서 눈깔사탕을 사서 내 입에 밀어 넣어 주었다. 나는 눈깔사탕의 단맛이 떨어지기 전에 쓰기만 한 학교에 닿아야 된다고 생각하고 학교를 향해 뛰었다.

눈깔사탕은 나뿐 아니라 내 또래의 많은 동무들도 모범생이 되게 했다. 처음 얼마간은 눈깔사탕 맛이 학교까지 이르지 못했다. 그러나 마을에서 읍내 학교로 열심히 뛰어가 아직 내 입 속에 사탕의 단물이 많이 남게 되었을 때, 그렇게 학교와 나의 거리가 좁혀졌을 때, 나는 우등생이 되어 있었다.

그때쯤, 어른들의 우리들에 대한 사탕공급은 완전히 끝나고 말았다. 사탕은 그렇게 귀한 것이었다. 한 아이가 사탕을 가지게 되면, 그는 그 사탕을 혼자 독식하지 못하고 나눠 먹게 되어 있었다. '눈깔사탕' 은 나눠먹기 좋을 만큼 컸다. 사탕 임자는 눈깔사탕을 입에 넣고 이빨로 깨어 여러 조각을 내었다. 사탕 조각을 손바닥에 놓고 옆에 있는 아이들에게 나눠주고 다시 자기 입에 털어 넣었다. 물론, 사탕주인에게 큰 것과 작은 조각을 마음대로 분배해 줄 자유가 있었다.

사탕의 소유주가 자기 혼자 사탕을 먹으면 안 된다는 법이 있는 것은 아니었다. 사탕이 마을의 모든 어린이들에게 항상 주어지는 음식이 아니고 특별한 경우에만 배당되는 선물이기 때문에, 마을 어린이들은 무언의 함의로 사탕을 깨뜨려 나눠 먹었다. 이러한 함의는 어른들이 만들어 준 것이 아니었다. 그때 어른들은 어린이들에게"형제나 동무들 간에는 콩 하나라도 갈라 먹어야 된다"고 가르쳤다. 눈깔사탕은 콩보다 몇 배나 크니, 어찌 갈라 먹지 않을 수 있으랴.

내가 어렸을때 보다 더 먼 옛날이었다고 했다. 하루는 예쁜 여자아이가 사탕을 입에 물고 마을 가운데에 나타났다고 했다. 동네 아이들은 그 소녀의 옆에 모여들었다. 그들은 소녀가 사탕을 깨트려 나눠주기만을 바랐다. 그러나 소녀는 매몰차게 사탕의 단물을 빨아먹을 뿐, 옆 사람은 안중에 없는 것 같았다. 자신의 볼로는 감당하기 힘들 정도로 큰 사탕을 소녀는 빨아먹고 있었다. 왼쪽 볼에서 오른쪽 볼로 옮길 때마다 아이들은 숨을 죽이며 소녀가 사탕을 깨기를 바랐다.

그때 키가 훌쩍 큰 소년이 소녀 앞에 다가서기 시작했다. 그는 이웃 마을에서 온 소년이었다. 좁고 긴 다리를 건너온 소년은 이쪽 마을에 자주 놀러 오는 편이었다. 그는 소녀 앞에 다가서더니, 사탕 때문에 볼록하게 나온 소녀의 뺨을 후려쳤다. 소녀의 입에서 사탕이 튀어 나왔다. 소녀는 금방 울상이 되고 임자 잃은 사탕은 땅바닥에서 뒹굴었다. 소년은 흙에 쌓인 사탕을 주워, 혀로 흙을 벗겨 내었다. 그때마다 그는 침을 뱉었다. 그 작업을 마친 키 큰소년은 탐스러운 사탕을 자기 입에 던져 넣었다. 그리고 유유히 자기 마을로 가는 다리께로 걸어갔다.

찰나에 일어난 사건이었기 때문에 아무도 어떠한 행동이나 말을 할 엄두를 내지 못하고 있었다. 다만, 꺼부정한 소년의 모습이 사라질 때쯤, 볼이 아파 오고 입안이 텅 비었음을 느낀 소녀의 울음소리가 들릴 뿐이었다.

그 사건이 지나고 십여 년이 지난 뒤, 사탕을 잃은 소녀와 사탕을 강탈한 소년이 결혼했다. 사탕을 뺏은 소년은 내 외삼촌이니, 자연히 소녀는 내 외숙모가 되었는데, 아직 생존해 계시다. 그러니 우리에게는 '초콜릿 날' 보다는 '사탕 날' 이 더 정겹고 이야기꺼리도 많을 것 같다.

청혼

1

쉬는 날인데도 아침 일찍 일어나서 부산을 떨며 목욕탕과 이발소를 다녀온 길만이에게 형수는 넌지시 물었다.

"오늘도 그 처녀에게 가세요?"

"오늘도라뇨? 벌써 한 달이 되었어요."

"호, 호, 호. 한 달이나 되었어요? 나야 뭐 괜찮지만 형님이 아시면……."

"씨- 다 필요 없어요."

길만이는 화를 내면서 문을 닫아버리고 마당으로 나와 오토바이에 올라탔다.

남들은 길만이를 보고 일곱달내기니 팔삭둥이니 해서 속이 없다고 하지만 길만이 자신은 자신이 남들보다 빠르지 못하고 어눌한 것은 사실이지만 속이 없다고 생각해 본적이 없다. 길만이가 오늘 찾아가는 처녀 명순이와의 일만 해도 그렇다.

형과 형수는 길만이 나이 사십이 다 되도록 장가보낼 생각을 하지 않고 있었다. 말이야, 금년 봄이나 늦어도 가을에는 보내야지 하고, 실제로 늙은 처녀를 구하는 모양인데. 그렇지 않아도 시골에 처녀가 없는데다, 길만이 같이 모자라는 사람에게 누가 시집을 온단 말인가. 그래서 길만이는 속이 없는 것은 오히려 형과 형수라고 생각하고 자기 처지에 맞는 처녀를 구하기로 했다.

길만이는 장애자의 날에 면에서 장애자를 위한 잔치를 한다는 소리를 듣고 그리로 가보았다. 비교적 어린 사람들이 많이 오고 자기처럼 늙은 장애자는 별로 없었다. 그래서 돌아갈까 하고 생각하는데, 왼쪽 팔을 잘 쓰지 못하고 다리도 몹시 저는 처녀 명순이를 잔치터 입구에서 만나게 되었다. 길만이는 첫눈에 그녀에게 끌렸다. 만약, 그녀가 뇌성마비에 걸리지 않았다면 자신이 넘볼 수 없는 미인이었을 것이라는 것도 알 수 있었다. 얼굴은 어려 보였으나 나이는 대충 삼십은 되는 것 같았다.

점심시간이 되어 면직원들은 도시락을 나눠 주었는데, 길만이는 도시락 두 개를 받아서 그녀 앞으로 가서 꾸벅 인사를 하고 하나를 건네주었다.

"김길만입니다."

"명순이라고 해요."

처음에는 경계심을 갖고 길만이를 관찰하던 명순이는, 길만이 역시 뇌성미비를 앓은 장애자라는 점을 확인하고 난 후에는 묻는 말에 순순히 답했다. 그래서 길만이는 그녀가 사는 마을이며, 집에서 어머니와 함께 산다는 것 등을 알 수 있었다.

“노는 날에 놀러가도 돼요?”

“마음대로 하세요.”

길만이는 그날 이후 건축 현장의 일거리가 없으면 명순이네 집으로 갔다. 명순이네 집은 면에서 십오 리나 떨어진 곳이기 때문에 쉽게 갈 수가 없었다. 그래서 낡은 오토바이를 사서 며칠 간 연습한 후에 그것을 몰고 명순이네 마당으로 들어섰다. 지금도 길만이는 오토바이를 타고 명순이네 집에 들어설 때, 명순이와 명순의 노모가 경이감에 차서 자신을 바라보던 눈빛을 기억하고 있다. 길만이는 속으로 싸움터에서 승리하고 돌아오는 말 탄 장수의 기분이 이런 것일 거라고 생각했다.

명순이는 몸이 불편하고 지능이 낮았지만 연탄을 갈 줄 알고, 밥도 지을 줄 알았다. 그러한 것보다 더 길만의 마음을 사로잡은 것은 그녀의 외모와 착한 마음씨였다. 호랑이 할머니로 소문난 명순이 어머니도 길만이를 싫어하는 눈치는 아니었다. 길만이가 명순이 집에 드나든 지 육개월쯤 되었을 때 명순의 어머니가 말을 했다.

“두 사람 다 몸이 불편하긴 해도 어엿한 처녀 총각인데, 그냥 이렇게 무작정 드나들 수는 없지 않느냐?”

길만이도 처음부터 그런 생각이 들었지만 어떻게 말을 해야 좋을지 몰라 육개월을 허송하고 말았는데, 명순이 어머니의 말을 듣고 보니, 자신이 앞날에 대한 계획을 세우지 않은 것이 후회스러웠다. 그래서 그날로 집에 가서 형과 형수에게 자기가 사귀는 명순이에 대해서 자세히 이야기하고, 그 다음 쉬는 날에 만나기로 했다.

명순이를 만나보고 난 형과 형수는 허공에 대고 한숨만 쉬었다. 길만이는 그런 형과 형수의 태도가 못마땅했으나 참고 견디는 수밖에 없었다.

밤늦게 술을 한잔하고 들어온 길만이 형은, 길만이를 앉혀 놓고 명순이를 단념하라고 했다.

"왜, 안 돼요?"

"몰라서 묻니? 안 된다면, 안 되는 줄 알아."

"난, 명순이와 결혼할거예요."

"좀더 나은 데를 찾아보자."

길만이가 나은 데가 어디 있느냐고 다그쳐 물었지만 형은 대답없이 밖으로 나가 버렸다.

2

길만이 형과 형수에게 있어서 명순이가 길만이의 아내로 마음에 들지 않는 것이 아니었다. 그들은 누구보다도 길만이가 정상인보다는 조금 모자란다는 것을 알고 있었다. 그래서 길만이는 가급적이면 영악한 여자를 아내로 맞아야 정상적으로 가정을 이끌어 나갈 수 있을 것 같았다.

그런데 명순이는 길만이 보다 몸이 더 불편할 뿐 아니라 마음씨도 영악해 보이지 않았다. 명순이는 사슴과 같은 순한 눈망울을 가졌을 뿐 아니라 입매에도 야무진 구석이 없어 보였다. 그러니 길만이와 명순이를 짝지어 준다는 것은 어린이를 배에 태워 이름 모를 바다에 띄워 보내는 것과 같은 짓이었다. 그래서 길만이 형은 이왕 늦어진 결혼 조금만 더 기다려 보자고 했다. 길만이 역시 그런 형이나 형수의 마음을 모르는 것이 아니었다. 그렇지만 두고 보자는 것이 벌써 몇 해째인가. 길만이는 자기보다 사족이 멀쩡한 총각들도 장가를 못 가는 세상에 자기 같은 병신에게 시집 올 처녀가 없다는 것을 누구보다도 잘 알고 있었다. 그 점에 관해서만은, 자기가 형보다는 계산이 빠르다고 믿고 있었다. 길만이는 잘못하면 명순이 마저 빼앗길 수 있다는 강박감에 사로잡히게 되었다. 명순이네 동네도 노총각은 수두룩하지 않은가. 그래서 길만이는 오래 전부터 계획을 세우고 그 계획에 따라 일을 저질러 버리면, 그때 가서는 형이나 명순이 엄마도 어쩔 수 없이 자신들을 결혼시킬 수밖에 없게 될 것이라고 믿게 되었다.

그 계획을 실천하기 위해, 길만이는 오늘 오토바이를 타고 명순이 집으로 향하고 있다.

먼 산에는 아직 눈이 쌓여 있었지만 산자락은 완전히 봄이었다. 시냇물 소리가 요란하고 푸릇푸릇하게 순이 나온 버들잎은 바람결에 몸을 던져 춤을 추고 있었다. 길만이의 오토바이 소리에 놀란 개구리들이 요란하게 울고, 오토바이 바퀴에서 튕겨져 나온 돌멩이들이 개구리들의 머리 위로 날아갔다.

명순이는 대문 밖에 나와 있었다.

"어머니는?"

길만이는 집안에 명순이밖에 아무도 없다는 것을 잘 알고 있었다. 명순이 어머니는 한 달에 한 번씩 읍내로 나가는데 오늘이 그날이었다. 이런 것들은 길만이의 계획에 들어 있는 것이었지만, 명순이에게 어머니가 계신가를 물어보았다.

"집에 없어. 읍에 갔어."

"인사드리려고 왔는데."

"들어와. 오후 늦게는 올 거야."

"돌아가야 하는데, 그리고 인사도 드려야 하고."

길만이는 못 이기는 체 명순이네 안방에 들어가 앉았다.

"커피 타 줄까?"

"커피 말고 다른 것 없어?"

"유 율무차도 있어."

"그런 거 말고 머루주나 다래주 같은 것 없어?"

"있기는 하지. 그치만 그건 서울 오빠꺼구 그리고 지금은 낮이잖아?"

"괜찮아. 조금만 줘."

"알았어. 기다려."

길만이는 모든 일이 자기의 계획에 따라 착착 진행된다고 속으로 쾌재를 불렀다.

신 김치를 안주로 다래주를 연거푸 석 잔을 마신 길만이는 자기가 하늘로 날아오르는 것 같은 착각을 일으켰다.

길만이는 몇 일전부터 외워 오던 말을 했다. 다래주 탓으로, 그 말은 평소에 연습하던 것 보다 더 부드럽게 입 밖으로 굴러 나갔다.

"아이 러브 유."

길만이는 한 손으로 명순이의 마비된 손을 잡고 다른 한 손으로 그녀의 목을 안고 자기 얼굴을 그녀의 얼굴에 갖다대었다.

명순이는 길만이의 구애를 받아들이는 것 같더니, 힘차게 밀쳐 버렸다. 방바닥에 나가떨어진 길만이를 향해 명순이는 아주 단호하고 명료하게 말을 했다.

"내 몸에 손을 대면 안돼! 가진 것이 없으면, 마당에 가마니를 깔고 촛불을 밝히고 냉수라도 떠놓고 식을 올리기 전에는 내 몸에 손댈 수 없어. 사람을 어떻게 보고 그래? 촛불을 밝히기 전에는 내 손 만질 수 없어."

길만이는 도망치듯 마당으로 뛰어나와 오토바이의 페달을 밟았다.

누가 저 명순이를 뇌성마비 장애아로 모자란다고 했는가? 이 세상에서 가장 깨끗하고 똑똑한 처녀가 아닌가? 이 모든 이야기를 형에게 하고 꼭 결혼 허락을 받고야 말겠다고 결심한 길만이는 오토바이의 속력을 높였다.

●●●

이상한 나라

이모는 형(兄)을 독재자라고 했는데, 나는 형을 완벽주의자라고 생각했다. 사실, 독재자라면 시키는 대로 따라 하거나 겁먹은 체하고 가만있으면 되지만, 완벽주의자는 그게 아니다. 자신만 완벽하면 되었지, 주위 사람까지 완벽하게 되기를 강조하니까 보통 피곤한 일이 아니다. 천성이 느리고 게을러터진 내가 형 집에 얹혀 지낸 지도 벌써 한 달이 되었다. 그간 늦잠도 자지 못하고 일주일에 한두 번은 꼭 목욕을 해야 하니 그런 고역이 어디에 있는가? 목욕이란 여름에 미역 감고 섣달 그믐에 하거나 아니면 신체검사 하루 전날에나 하는 것이 아닌가.

어제만 해도 그렇다. 토요일이니까 집에서 가족들과 둘러앉아 텔레비전이나 보고 이야기하면서 쉬는 것이 제격이라고 나는 생각했다.

그런데 형은 아침부터 부산을 떨기 시작했다. 스톡홀름까지 왔으면 최소한 옛날에 다니던 웁살라는 다녀와야 한다는 이야기였다.

나는 잠이 부족한 부스스한 얼굴로 형의 뒤를 따라나설 수밖에 없었다.

웁살라로 가던 길에 쇼핑센터에 들렀다. 앞서 가던 형은 나를 보고, 기둥에 매달린 조그만 상자를 사진으로 찍으라고 했다.

"그까지 것 찍어서 뭐해요?"

"마, 글쎄 찍으라면 찍어."

"무엇인지 알아야 찍을 게 아녜요."

"찍으라니까!"

나는 명령에 따를 수밖에 없었다. 목에 걸어 맨 카메라 뚜껑을 열고 기둥에 매어 달린 볼품없는 조그만 상자를 찍었다.

"그게 무슨 통인지 알아? 건전지 쓰레기통이야. 너 서울에서 건전지 아무 데나 버리지? 그래봐라. 땅을 다 버리지."

웁살라 성당은, 70년대 초부터 80년대 말까지 20년간 수리 하고 있었다. 15년 전에 갔을 땐 수리 중이었다. 달라진 데가 어디 있는가 하고 꼼꼼히 살펴보았다. 성당 외부가 깨끗해졌다는것 이외에는 별로 달라진 데가 없었다. 현관에 계단이 있었는데, 왼쪽 계단을 없애고 비스듬한 비탈길을 만들어 놓았다. 지체부자유자들이 쉽게 예배에 참석할 수 있게 수리했다. 그리고 교회당 내부 양옆에 세계 유명 미술가들의 작품 코너가 있었는데, 그 중 한 곳을 어린이들의 작품을 진열할 수 있게 했다. 한 코너는 비워 두고 있는데, 그것은 어른들이 예배를 보는 동안 어린이들이 가지고 놀 수 있는 장난감으로 차 있었다.

"어린이 중에는 입양되어 온 우리나라 어린이들도 섞여 있어."

돌아오던 길에 조립식 주택 전시장에 들렀다가 스톡홀름 시청 앞으로 갔다. 시청 건물은 항구에 있는데, 그 항구에서 일년에 한 번씩 시장이 수영을 한다고 했다. 자기가 재임하는 동안 항구를 오염시키지 않았다는 사실을 몸으로 증명하기 위해서였다.

"세계에서 유일하게 수도 한가운데서 연어가 잡히는 곳이래. 하느님이 창조한 대로 있는 곳이지."

완벽주의자인 형은 내게 약이라도 올리듯 계속해서 간접 설교를 했다.

오늘은 일요일, 늦잠을 자려고 마음을 먹었는데, 형은 또 서둘러대기 시작한다. 한인교회에 가야 한다는 것이다. 설교는 어제 들은 것으로 족하니까 나는 교회에 갈 필요가 없다고 했다. 그러나 형은 막무가내였다. 오늘은 서울에서 유명한 목사가 오는데 교회에 나가지 않으면 어떻게 하느냐고 야단이었다.

하는 수 없이 교회에 나가서 서울에서 온 목사님의 설교를 들었다.

목사님은 미국, 캐나다, 영국을 거쳐서 이곳에 와 설교하게 되었는데, 이런 조그만 교회의 제단에 서보기는 처음이라고 했다. 목사님의 음성은 조그만 교회에 어울리지 않게 우렁차고 가락이 붙어 있었다.

"도대체가 유럽 교회, 특히 스웨덴 교회는 냉랭합니다. 심하게 말하면 죽어 있다고 할 수 있습니다. 나는 스웨덴 교회를 살려야겠습니다. 이게 어디 기독교 국가라고 할 수 있습니까?"
목사님의 설교에는 가락이 붙어 긴 여음을 남기고 있었다.

그 씨 正傳

그는 조그만 체구에 항상 남루한 옷을 걸치고 다녔다. 마을 사람들이 그를 필요로 하는 일이 있으면, 그는 항상 거기에 있었으므로 구태여 그를 찾는다거나 소리를 내어 부를 필요가 없었다. 그만큼 그는 부지런히 동네를 쏘다녔다. 그렇다고 걸음걸이가 요란한 것도 소란을 피우면서 다니는 것도 아니었다. 평소에는 그가 옆에 있는지도 모른다. 그러나 필요한 일이 생겨 찾다 보면 그는 항상 옆에 있는 그런 인물이었다.

그의 이름이나 나이, 또는 가족 사항에 대해 아는 사람도 별로 없었다. 동네 산 밑 움막집에 형과 같이 산다고 했는데 그 형을 본 사람은 아무도 없었다. 그래서 이 글에서 그를 '그' 라고 호칭할 수밖에 없게 되었는데, 나하고는 기막힌 사연으로 얽히게 되었다.

며칠 전에 동사무소에서 집으로 전화가 왔다. 내가 기차역 석탄더미 속에서 객사를 했는데 시신을 인도해 가라는 내용이었다. 그 전화를 내가 받았으니 기가 찰 노릇이 아닌가. 그래서 동사무소 직원에게 객사한 사람이 어떻게 전화를 받을 수 있느냐니까, 분명히 객사한 사람이 입고 있는 양복 안주머니 위에 내 이름이 새겨져 있다는 것이었다. 다음부터는 양복이나 겉옷에 이름을 박지 않겠다고 투덜거리면서 할 수 없이 현장으로 갔다. 얼굴을 살펴보니, 우리 동네의 그씨였다.

우리 동네의 그씨는 서울에서 제일 큰 병원 옆 기차역 석탄더미 속에서 동사하고 말았다.

동네에서 제일 높은 산꼭대기에 사는 우리 집 사람들은 자연히 그씨의 신세를 많이 졌다. 버스 종점에서 십오 분은 착실히 걸어야 당도할 수 있는 집이기 때문에 아내는 무거운 짐이 있으면 그씨에게 부탁했다. 그러면 그는 두말없이 짐을 집까지 올려다 주곤 했다. 그때마다 아내는 수고료도 주고 때로는 음식이나 옷을 주기도 했다.

어느 날 아내는 내게 이상한 것이라도 발견했다는 듯이 말했다.

"여보, 여보, 그씨말이야 그씨."

"그씨가 어떻게 됐어?"

"그씨가 자전거 샀어."

"그씨가 자전거 샀으면 샀지, 당신하고 무슨 상관이야?"

"그런데 그 병신이 자전거에 짐을 싣고 다니지는 않아. 짐은 그대로 메고 다니고, 자전거는 가만히 모셔두고 있어."

"그래, 그씨는 우리 동네의 아큐인지도 몰라."

나는 노신의 「阿Q正傳」에 대하여 아내에게 이야기해 주고, 그씨의 행동이 아큐와 유사한 점이 많지 않으냐고 했다.

그씨는 십여만 원이 넘는 자전거 위에, 그렇게 아깝고 귀한 자전거 위에 남의 물건을 싣고 다니기 싫었는지도 모른다. 그씨가 죽었다는 소식이 전해지자 동네에선 한참 동안 그씨의 살아가는 방법, 특히 그의 계산법에 대한 이야기가 나돌았다. 그씨는 항상 썩은 밥과 우유만 먹고 살았다고 했다. 동네 사람들이 밥이나 우유, 또는 반찬을 주면 그는 항상 그것을 고이 싸서 집에서 가장 구석진 곳에 숨겨 두었다. 그리고 배가 고프면 가장 옛날에 숨겨둔 것부터 찾아 먹었다. 경기가 좋을 때는 십 여일 전 것을 먹고 경기가 나쁠 때는 삼사일 전 것을 먹었다. 그러나 쌓아둔 물건이 많으면 많을수록 그씨는 더 썩은 것을 먹을 수밖에 없었다. 가진 것이 없으면, 그나마 상한 것을 먹지 않아도 됐을 텐데, 옷도 그렇다. 여름이고 겨울이고 관계없이 양복을 몇 벌씩 입고 다니는데, 제일 깨끗한 옷은 항상 속에 입고 다녔다. 그러니, 버리는 것을 모르는 그씨로서는, 겉옷은 몇 년간 같은 옷일 수밖에 없었다.

동네 버스 종점에서 시장 농협까지는 삼십 분 거리인데, 그씨는 왕복 한 시간이나 되는 그 먼 거리를 하루 서너 차례씩 다녀올 때가 있었다. 액수에 관계없이 이웃이 돈을 주는 횟수에 따라 그씨는 농협에 드나들었다. 그씨는 저금한 돈을 한 푼도 못 쓰고 병원에 가서 진찰도 받아보지 못하고 싱싱한 먹이를 남겨둔 채 객사하고 말았다.

노신의 「阿Q正傳」에는 각박한 셈본이 없는데, 이 글에는 숫자가 많이 나온다. 그래서 나와 우리가 어느 틈엔가 그씨의 산수를 하면서 사는 것 같아 서글퍼진다.

이조인(李朝人)

사내란 과묵하고 부엌이나 저잣거리의 일에 대해서는 관심을 보여서는 안 된다는 것은 할아버지의 가르침이었다. 그리고 아버지는 남자란 촐랑거리며 아무 일에나 끼어들어 혀를 날름거려서는 안 된다고 했다. 그 후 40여 년 지난 후 우리는 어느 누구도 할아버지나 아버지의 가르침을 기억해 내지 못하고 있었다.

서울에서 연극공연을 마친 극단원들은 대개 부산, 대구, 광주 등의 지방 대도시에서 재공연을 하는 것이 상례로 되어 있다. 우리는 그때 대구와 광주 공연을 마치고 부산에서 마지막 공연을 했다. 마지막 공연지의 마지막 회 공연이 끝나면 연극에 참여했던 모든 사람은 나사가 풀리듯 해방감에 들뜨는가 하면 동시에 허전해서 어쩔 줄 모르는 사람들도 있다. 그래서 극단 측에서는 조그마한 소찬을 준비하고 술잔이 오가는 쫑파티를 준비한다. 그러나 부산에서의 쫑파티는 소박한 소찬이 아니었다. 극단을 초청한 신문사 측에서 화려한 호텔 식당에서 푸짐한 음식과 생전 처음 마셔 보는 양주로 연극에 참여한 사람들을 격려했다.

신문사 사장의 인사말이 있은 다음, 묵직한 감사패가 오고 가고 극단 대표의 답사가 있었다. 젊은 연기자들은 며칠을 굶은 사람들처럼 음식을 입속에 구겨 넣었지만 나이 든 사람들은 주눅이 든 강아지 꼴이 되어 어정쩡한 기분으로 쫑파티를 보내게 된다. 그도 그럴 것이 그들은 연극하면 가난을 떠올리게 되는데, 그 연극을 하고 호텔식당에서 파티를 한다는 것은 허례에 지나지 않는다고 생각하고 있었기 때문이다. 그러니 파티의 분위기는 달아오르지 않고 끝날 수밖에 없었다. 극단원들은 건성으로 주최 측 사람들과 인사를 마치고 호텔 식탁 위에 음식을 남겨둔 채 또래들끼리 2차로 향한다.

나이 든 축들은 각자가 짜장면 한 그릇 먹을 돈이 없어 두 사람당 짬뽕 한 그릇씩 놓고 저녁 식사 겸 쫑파티 안주로 요기하던 시절을 경험했기 때문에, 자연히 뒷골목 초라한 주막에 가서 앉아야 마음의 안정을 찾는다.

그날 밤도 마찬가지였다. 극단 대표와 연출가, 그리고 작가와 노역을 맡은 남자 배우는 여자 주인공을 앞세우고 뒷골목 주막을 찾았다. 그들은 우리나라를 대표할 만한 연출가나 배우로 성장했지만, 호텔보다는 주막집 연탄난로 앞에 가서야 안정을 찾았다.

"아이고, 이게 웬일이고? 시상에, 우리 집에 다 오시다니."

주막 주인은 배우 두 명을 보고 황송해했다. 미역줄기무침과 꽁치 구이를 안주로 소주잔이 오가면서 주막 안은 생기가 돌기 시작했다.

"아, 글쎄. 난, 가수이면서 연기자로 크면서 고민이 많았다고요. 도중에 그만둘 생각도 몇 번 했다고요."

이제까지 조용히 앉아 있던 주막 안의 여왕이 한마디 했다.

"아니, 그게 무슨 소리에요?" 연출이 되물었다.

"생각해 보세요. 전 가슴이 풍부하지 않잖아요? 매력이 없잖아요!"

여왕은 자기 가슴을 앞으로 내밀었다.

"그러니, 피터 팬으로 꾸민 것이 아니라 피터 팬으로 태어났다는 자랑이 아녜요?"

"맞아, 맞아." 좁은 주막 안은 웃음과 박수소리로 가득 차 있었다.

주막 안에는 손님이 많지 않았다. 한쪽 구석에서 김치를 안주로 소주를 대접으로 마시는 사람이 있을 뿐이었다. 그때 우리는 어린이 뮤지컬 연극 '피터 팬'을 공연했는데, 주막 안의 여왕은 우리나라의 대표적 여가수로 크지 않은 소년 피터 팬 역을 했다.

"미국이나 영국에선 나는 장면에서는 대역 배우를 쓰는 경우가 있다던데…." 작가가 여왕의 용감성을 칭송하기 위해 한마디 했다.

"그건 말도 안 돼요, 성인극이면 몰라도 어린이를 속일 수는 없잖아요? 난, 밧줄이 풀려서 죽는 한이 있어도 대역 배우를 쓰게 할 수는 없어요."

"역시 배우야." 연출이 감탄했다.

"자, 그런 의미에서 한잔 더."

"이러다 취하는 게 아녜요?"

"무슨 소리야, 내가 업고 가겠어."

또 한 번, 웃음소리가 주막을 채웠다. 그 웃음의 여운이 끝날 때쯤, 한쪽 구석에서 혼자서 술을 마시던 사람이 자리에 앉은 채로 이쪽에 고개를 돌리고 한마디 했다.

"사내새끼들이 조막만 한 가시나 하나 앉혀 놓고, 그게 무슨 꼴이고? 아이고야, 시상이 더럽게 되었다. 더럽게."

그는 일어나서 비틀거리며 눈이 휘둥그레진 주막 주인 앞에 천 원짜리 지폐 몇 장 내던지고는 출구로 가서 문을 열었다. 그리고 뒤를 돌아보고 우리의 여왕을 향해 조용히 말했다.

"야, 이 가시내야. 여자가 젖통이 없는 게 무슨 자랑이가! 챙피한 줄 알아라." 그는 문을 쾅 닫고 나갔다.

우리 중 아무도 그를 따라나서는 사람이 없었다.

그에게는 이조시대를 산 할아버지가 허물어져 가는 이조를 세우려고 애쓰던 모습이 엿보였다.

지등紙燈의 계절에

노인은 저녁 식사를 마치고 맛있게 담배를 피우며 소년에게 말했다.

"내일 새벽 개안의 그물은 네가 거둬라."

"아버지. 내일은 크리스마스예요. 새벽송을 돌아야 해요."

"그릇을 마시는 날인지, 무슨 날인지 몰라도 개안은 위험하지도 않고, 네가 몇 번이나 내 일을 돕겠니. 곧 서울로 올라갈 텐데……."

"그렇지만 아버지, 내일 새벽만은……."

"듣기 싫다. 난 내일은 쉬어야겠다."

소년의 아버지는 소년이 커서 자기 뒤를 이어 어부가 되기를 원했다. 그래서 중학교 때부터 바다 일을 가르쳐 왔다.

노 젓는 법, 그물을 던지고 거두는 방법, 밤하늘의 별을 보고 시간을 알아맞히기, 바람과 물결의 관계 등도 가르쳐 주었다. 그리고 먼 바다에는 같이 나가지 않았지만 포구 안의 잔 고기잡이는 동행하기도 했다. 그런 아들이 바다 일을 소홀히 하고 대학가겠다고 한 것은 예배당에 나가고부터였다.

노인이 소년을 보고 예배당에 나가지 말라는 이유는 간단했다. '그건 우리 바닷사람들과는 관계가 없는, 서양 사람들의 것'이란 데 있었다. 그때마다 소년은 그렇지 않다고 조심스럽게 말했다.

"베드로라고, 뱃사람이 예수님의 수제자예요."

"거 모를 일이군."

그 후 노인은 아들이 예배당에 나가는 걸 강력히 반대하지는 않았다. 노인의 생각으로는 예배당이 뱃사람이 되는 것을 방해하지 않는다면야 구태여 반대할 이유가 없다는 것이었다.

소년은 십이월 초에 보는 대학 장학생 시험에 합격하고 노인의 곁으로 다시 왔다. 노인은 새해 삼월 초에 서울로 떠나는 소년에게 바다 일을 좀 더 철저히 가르쳐 주고 싶었다. 소년은 그런 노인의 마음을 모르는 것은 아니었다. 그러나 교인이 겨우 삼십여 명밖에 안 되는 조그만 교회의 새벽송에서 빠질 수는 없는 일이었다.

새벽송을 돌겠다고 나온 장년과 청년들은 열다섯 명이었다. 두 편으로 나뉜 새벽송팀은 각기 지등으로 어둠을 밝히며 교인들의 집을 찾아 나섰다. 소년은 유난히 판자촌이 많은 청호동 쪽을 택했다.

'고요한 밤 거룩한 밤' 지등 속의 촛불이 바람에 날릴 때마다 소년의 그림자와 소녀의 그림자가 만났다가는 다시 헤어졌다.

머리를 숙여야만 드나들 수 있는 판잣집 속에서 그들을 기다리던 교인들이 조그마한 선물 꾸러미를 내어 놓았다.

하늘에 엉켜 있던 구름이 갈라지면서 간간이 찬 하늘에서 별이 빛나는 것이 보였다. 샛별이 지등의 머리 위로 올라섰을 때 그들의 새벽송이 끝이 났다. 장년들은 선물 꾸러미를 들고 교회로 가고 소년과 소녀는 마지막 집 앞마당에 남게 되었다.

"정말 축하해. 잘 되었어."

"고마워 너도 칠 걸 그랬어. 네 실력이면 합격하고도 남았을 거야."

"나도 진학하고는 싶었어. 하지만 내가 없으면 아버지는 어떻게?"

소녀의 아버지는 목사님이었다. 어머니가 돌아가셨기 때문에 아버님을 모시고 어린 동생들을 돌보아야 할 입장이었다.

먼동이 텄지만 산 밑에는 그대로 어둠이 남아 있었다. 소년과 소녀는 지등을 앞세우고 큰길로 내려와 호반으로 접어들었다. 쌓인 눈이 얼어서 그들의 발자국 밑에서 바스락 소리를 내었다. 철새들이 그 소리에 놀라 빈 하늘을 향해 날아갔다. 소년과 소녀가 자동차 바퀴 자국을 밟을 때마다 그들은 약간씩 비틀거렸다. 자동차 바퀴 자국이 얼어 있었기 때문이었다. 그들은 서로 부딪치고 그때마다 소년과 소녀는 약한 전기에 감전된 듯 바르르 떨었다. 그리고는 서로 이 떨림은 참 행복한 떨림이라고 얼굴을 붉혔다. 그러나 지등은 적당히 어두웠기 때문에 서로 표정을 살필 수 없게 해 주었다.

새벽에 집에 돌아온 소년은 노인의 표정을 살폈다. 노인은 벌써 바다에 다녀온 후였다.

"네가 안 가고 내가 그물 걷으러 가기를 잘했어. 고기가 너무 많이 들어 네 힘으로는 안 될 뻔했어."

그날 노인은 고기를 굉장히 많이 잡아왔다.

"겨우내 구경도 못하던 청어가 한 드럼이나 들었어."

청어는 그때 매우 귀한 것으로 값도 많이 나가는 생선이었다. 소년은 노인이 쌓아 놓은 청어들을 내려다보았다. 눈이 크고 등이 검푸른 청어는 겨울 아침을 생기로 넘치게 했다.

"열 마리는 따로 묶어 두었다. 예배당 무당 갖다주어라."

"무당이 아니고 목사님이에요."

"아무튼, 오늘이 예배당 생일이라면서,"

소년은 가난한 목사님의 성탄 아침 식탁을 떠올렸다. 그리고는 혼자서는 들기도 어려운 청어 열 마리를 들고 교회로 향해 뛰었다. 하늘에선 다시 눈이 내리기 시작했다. 싸락눈이 아닌 함박눈이 내리고 있었다.

우리집 황소

황소는 우리 집에서 키우는 개 이름이다. 우리 집에는 황소 말고도 개가 두 마리 더 있는데, 제일 나이 많은 개는 황소 어미로 이름을 '두두' 라고 하고 제일 어린놈은 황소 동생으로 '또또' 라고 한다.

두두는 우리 뒷집에서 얻어온 개인데, 처음에는 푸들이라는 개의 잡종인 줄 알았다. 나중에 자세히 보니 청삽살이 쪽에 가까웠다. 두두는 동네에서 새끼를 잘 낳은 개로 유명한데, 집에 울타리가 없는 관계로 새끼들의 종류 또한 다양하다.

두두가 황소를 낳은 것은 일 년 전쯤인데, 그때 우리는 황소 말고 또 한 마리를 길렀다. 황소는 자기 동네 동기 중 제일 잘난 놈이고 또 한 마리는 제일 못난 놈이었다. 잘난 놈을 이웃에게 주자니 아깝고 못난 놈을 보내자니, 측은해서 둘 다 길렀는데, 어릴 때는 별 탈이 없었는데, 몸집이 커지면서 세 놈이 한꺼번에 달려드니 예쁘다고 머리를 만져 줄 손이 하나가 부족하게 되었다. 그래서, 가족회의를 한 결과, 개가 크면 개장사에게 팔지 않을 사람, 개를 사랑하고 잘 먹일 집이라는 조건을 붙였더니, 마침 교회에서 기르겠다는 제의가 와서 그쪽으로 보냈다. 아들놈이 그놈의 이름을 시라소니라고 붙였는데 교회에 가서는 개명했다고 나중에 들었다.

황소에게 황소라는 이름을 붙인 것은 막내딸인데, 아침이나 저녁에 학교에 가거나 올 때면 어떻게나 힘이 세게 좋다고 밀어붙이는지 그 힘이 장사 같아서 황소라고 했다.

황소가 맨 처음 외박을 시작한 것은 지난 가을이었다. 한 삼일간 집을 비웠는데, 그때 우리 집 식구들은 온갖 불행한 상상을 다했다. 그중 가장 끔찍한 상상을 한 것은 역시 막내딸이었다. 황소의 몸통은 황색으로 의심할 수 없는 진돗개인데, 다리는 삽살이의 그것과 같이 짧다. 그러니 두말할 것 없이 똥개인데, 그런 개를 보신탕 애용자들이 제일 좋아하니까 황소는 보신탕집으로 간 것이 틀림없다는 주장이었다. 그러나 그녀의 상상력은 어긋났다. 황소는 아무 일도 일어나지 않았다는 듯이 머쓱한 꼴을 하고 집으로 돌아왔다. 그 후로 외박이 잦았지만, 며칠 바람났다 돌아오겠거니 하고 넉넉히 생각하기로 했다.

지난 오월 말, 늦게 집에 들어갔더니 아내와 막내딸이 약이 올라서 황소를 욕하고 있었다. 아내가 시장 갔다가 후미진 모퉁이를 돌아오는데, 황소가 남의 집에 있길래 불렀다고 했다. 그랬더니, 그 집주인이 개의 임자인가 하고 묻길래 그렇다고했더니, 우리가 개를 잘못 키워서 자기 집에서 황소를 먹이고 재웠으니 황소는 자기들 것이라고 주장했다는 것이다. 솔로몬 왕도 없는 동네에서 아내는 난감해질 수밖에 없었다. 그 집주인이 한 수 더 떠서 황소를 가운데 두고 서로 불러보자고 제의해서 그렇게 했더니, 이놈이 아내에게 오는 것이 아니라 그 집주인에게로 가는 것이 아닌가 약이 오를 대로 오른 아내의 제의는 저놈을 묶어 놓자는 것이고 막내딸은 할머니가 계신 설악산 밑으로 보내자는 것이었다. 그러나 나는 두 가지 제의를 다 받아들일 수 없었다.

나도 묶여 사는데, 개까지 묶어 놓을 수 없고 또 이 동네에서 태어나고 자랐는데, 낯선 타향살이를 시킬 수 없다는 것이 내 이유였다.

황소의 두 집 살림은 당분간 계속되었다. 사람도 두 집 살림을 차리면 제명대로 살지 못한다는데, 황소라고 편할 리 없었는지 매우 초췌한 꼴을 하고 다녔다.

학생들과 같이 제주도 수학여행을 다녀왔더니, 아내는 황소가 집을 나간 지 3일이나 되었다고 했다. 그리고 그 집에 가서 찾아오자고 했다.

"걱정할 것 없어. 황소는 돌아와."

이튿날 아침 황소는 돌아왔다. 황소의 목에는 가죽 벨트가 둘려 있고 벨트는 쇠사슬에 묶여 있었다. 황소는 그 쇠사슬을 끊고 집으로 돌아왔다.

"가둬 두는 것이 상책이 아니야."

"그렇네요. 이젠, 그 집으로 가는 것 같지 않아요."

"가둬 두는 것은, 영원히 잃는 거야. 그런 이치를 알아야 하는데…"

"무슨 말이에요?"

"아직도 나오지 못한 사람들이 많잖아?"

"목사님?"

"어디 목사님뿐이야."

황소는, 다시는 자기를 묶던 집으로 가지 않고 우리 앞산과 뒷산으로 쏘다니며 바람난 암캐들과 어울리고 있다.

갯바위의 꿈

4월이라고 하지만 아직 바닷가의 바람은 차기만 했다. 두 노인은 갯바위에 앉아 샛바람을 맞으며 낚싯대 끝을 바라보고 있었다.

다른 날 같으면 벌써 우럭 한두 마리 아니면, 놀래미 새끼나 열기라도 잡았을 터인데 오늘은 입질 한번 없다. 언제나 그렇듯이 맹 노인이 먼저 입을 열었다.

"허탕치는기 아인지 모르겠다이."

"좀 더 기다려 봐야죠."

침착하고 입이 무거운 지 노인이 말했다.

맹 노인과 지 노인은 전혀 닮은 데가 없다. 성질 말투, 고향이 다른데도 항상 같이 다닐 뿐 아니라 한쪽이 어려운 일을 당하면 다른 쪽은 자기 일처럼 앞장선다. 그런 그들의 모습을 보고 사람들은 아픔이 같아서 형제 이상으로 가까워졌을 거라고 추측한다.

맹 노인은 함경북도 청진에서, 지 노인은 황해도 해주에서 피난 나왔다. 칠십을 넘겼지만 두 노인은 세파에 물들지 않은 소년과 같은 천진함을 그래도 지니고 있다.

“이러다가는, 어시장에 들러서 또 괴기를 사가지구 집에 들어가야 할지 모르겠다이.”

“이제는 허세를 버리고 솔직하게 살아야지요.”

맹 노인은 아들과 며느리 그리고 손자에게 술 한 잔만 들어가면 동해안에서 최고의 사공이었다고 자랑했다. 그런데 갯바위에 낚시질 나왔다가 하나도 건지지 못하고 집에 들어가면 이제까지 자기가 한 말이 거짓말이 되니까, 고기를 잡지 못하는 날이면 어시장에 들러 가곤 했다. 그때마다 지노인은 그러지 말라고 했지만 맹 노인은 말을 듣지 않았다.

“연해주에는 고기가 많기도 했소.”

지 노인은, 고기가 잡히지 않을 때마다 맹 노인이 젊은 날을 회상한다는 것을 알고 있었다.

“물 반 고기 반이었겠군.”

“무슨 소리, 물 반 고기 반이라고? 말 같잖은 소리 하지두 맙세. 마우재간나 새끼들이 게을러서 괴기를 아이 잡으니까, 바다 속에 물보다 괴기가 더 많았오. 어느 정도인가 하면, 괴기들 틈에 막대기를 넣으면, 그것들이 쓰러지지 않을 정도였오.”

지 노인은 보통 때 같으면, 맹 노인의 허풍에 가까운 고기 이야기에 이의를 제기했겠지만 오늘따라 그러고 싶은 생각이 들지 않았다. 어제저녁 꿈도 있고 해서 맹 노인과 맞장구치고 싶은 심정이었다.

"나도 큰 잉어에게 죽을 뻔 한 일이 있어요."

"무슨 소리하는거요. 잉어에게 죽을 뻔 하다이?"

"어릴 때 친구들과 개울 하구에 그물을 걸쳐 놓고 위에서 고기를 몰았는데, 글쎄 커다란 쇳덩어리가 물속에서 튀어나와 내 가슴을 쳤어요."

"그래서?"

"정신을 차리고 보니, 병원이었오."

"병원이라이?"

"친구들이 보니까 커다란 잉어가 튀어 올라 내 가슴을 들이받았데요."

"그랬었구만."

"갈빗대가 둘이 부러지고, 하나는 금이 갔어요."

"그렇지비. 그때는 괴기들이 잡아주지 않아서 늙어 죽을 때니까."

"그래요, 고기들이 잡아주지 않아 늙어 죽었죠."

갯바위로 불어오던 샛바람은 잠자던 바닷물을 깨워 작은 물보라를 일으키게 했다. 두 노인의 낚싯대는 아직도 미동을 하지 않았다.

"괴기가 얼마나 컸는지는 모르지만 나두 힘센 괴기를 본 적이 있오."

"어릴 때였겠죠."

"아입메, 젊었을 때였어."

맹 노인은 눈을 지그시 감고 옛날을 회상했다.

"이웃집 노인이, 로프를 집 앞 커다란 소나무에 매어 놓구 나무하러 가기에 이상하다고 생각했오. 저녁때가 되어 나무가 흔들흔들하더니, 그만 소나무가 뿌리째 뽑혀서 바다 가운데로 떠내려갔오. 영감이, 전마선 닻만 한 낚시에 어린아이만 한 대구를 미끼로 바다에 던졌으니까 고래가 물고 달아났을 끼오."

"거 참 이상한 일이구먼, 나도 어젯밤에 서해바다에서 휴전선 북쪽 철책에다. 낚싯줄을 매어 놓고 고기잡이를 했는데, 얼마나 큰 고기가 물었는지, 그만 휴전선 철책이 다 뽑혀서 서해바다로 들어갔어요."

맹 노인의 눈이 빛나기 시작했다.

"아이구 말도 마오. 나는 동해안 남쪽 철책에다가 낚싯줄을 매었는데, 새우가 물었는지 밤새 펄쩍펄쩍 뛰어서 남쪽 철책을 다 뽑아갔오."

두 노인은 한참을 그렇게 휴전선 철책들을 삼켜버린 바다를 바라보고 있었다.

마지막 의인

피곤한 몸을 이끌고 화곡동행 만원 버스에 몸을 던진 윤씨는 평상시 같으면 의자에 앉은 사람들의 관상을 보았을 터인데, 그날만은 그 일을 단념했다. 그만큼 그는 지쳐 있었고 버스 안에도 한 발을 디밀기 힘들 정도로 차 있었다.

시청 앞에서 출발한 완행버스는 느린 걸음으로 굴레방 다리를 지나 애오개 고개를 오르고 있었다. 윤씨는 옛 주택가에 살고 있는 사람들과 신흥주택가의 주민들은 기본적으로 의식이 다르다고 생각했다. 신흥주택가가 도시의 변두리에 있어서 승차 거리가 멀기 때문에 자리를 양보하기 힘들다고는 하지만, 그래서 옛 주택가에 버스 종점에서 내리는 사람들은 노인이나 아이를 데리고 타는 아주머니 또는 병약한 사람들에게 자리를 양보하는 경우가 많았다.

버스가 동교동에 이르렀을 때 잠바차림을 한 노동자 풍의 사람 셋이 차에 올랐다. 그들 중 두 명은 입에서 술 냄새를 풍기며 손잡이도 잡지 않고 주위 사람들을 밀쳤다. 버스가 정지하거나 출발할 때는 옆 사람의 발도 밟았다. 그 중의 한 사람은 윤씨의 정강이를 차기도 했다. 윤씨는 짜증이 났지만, 실수로 그랬겠거니 하고 참았다. 그런데 그게 아니었다. 버스가 출발하니까 이번에는 발을 밟는 게 아닌가. 돌아서서 쥐어박고 싶었지만 꾹 참고 점잖게 타일렀다.

"너나없이 피곤한 퇴근길인데, 타인에게 피해 되는 일은 삼가합시다."

윤씨의 발을 밟은 사람은 눈을 부릅뜨며 대들었다.

"어느 놈이 피해를 주는데 그래요?"

"당신이 지금 주위 사람에게 피해를 주고 있지 않소?"

윤씨의 음성도 한 옥타브 올라갔다.

"야, 넥타이 맨 놈만 사람이고 나 같은 노동자는 사람이 아니란 말이야?"

윤씨는 남과 자주 다투는 편은 아니지만 이 땅의 사람이면 으레 악다구니를 하며 살아가듯 평균치 정도의 부딪침은 하고 사는 서민이었다. 타인과 부딪칠 때마다 윤씨가 생각하는 것은 자신이 남보다 머리가 나쁘거나 언어 구사력이 모자란다는 것이었다. 남과 싸울 때는 그에게 대적할 수 있는 적당한 언어가 쉽게 머리에 떠오르지 않았다. 상대는 적당한 시기에 정확한 단어를 골라내어 모질게 윤씨를 공략하는데, 윤씨는 도대체가 상대를 궁지에 몰아넣을 수 있는 언어를 떠올릴 수가 없었다. 싸움이 끝나고 집에 가서는 적을 무찌를 수 있는 적당한 언어를 찾아낼 수 있었다. 그러나 그런들 무엇하랴. 싸움은 이미 끝나고 상대와 주위의 구경꾼들은 간 데가 없는데.

"넥타이 맨 놈만 사람이고 나 같은 노동자는 사람이 아니란 말이냐?"

윤씨는 그 말에도 일리가 있다고 생각했다. 그때 그의 머리에 좋은 언어가 스치고 지나갔다.

"넥타이는 매었지만 나도 노동자나 진배없어. 보험회사 외판 사원인데, 노동자와 다를 게 뭐 있어?"

"나쁜 자식, 지나 나나 별것 아닌데 넥타이 매고 거들먹거려."

잠바 차림의 사내는 윤씨를 비웃고 있었다. 버스는 양화대교를 건너고 있었다. 윤씨는 사내에게 해줄 적당한 말을 찾아내지 못하고 멱살을 잡아 버스 귀퉁이에 밀어 버렸다. 사내는 보기좋게 버스 뒷문께 박혔다. 일어난 사내는 윤씨에게 욕을 해대기 시작했다.

그때 앞좌석에 앉아 있던 손님들이 뒤를 보고 소리를 질렀다.

"야, 여기가 싸움터인 줄 알아? 왜 싸우고 지랄이야."

"운전수 버스를 세워요. 두 놈다 내려 버려요."

아니, 자기들을 위해 치한이나 다름없는 사람과 싸우고 있는 나를 버스에서 내리라니……. 윤씨는 앞좌석에 앉아 있는 사람들이 야속했다. 그러나 지금은 그들에게 자기의 입장을 이해시킬 상황이 아니었다. 우선은 창피하다는 생각이 들었다. 그래서 싸우던 사람에게 제의했다.

"우리 내립시다. 내려서 싸우던지 따지던지 합니다."

"내가 왜 내려? 나쁜 놈. 나를 쳤지. 누가 이기나 해보자."

"운전수, 두 놈 다 내려 버리라는 데 왜, 안 세워!"

윤씨는 쥐구멍이라도 있으면 들어가고 싶은 심정이었다. 이 넓은 서울에 나를 도와줄 사람이 이렇게 없단 말인가. 윤씨는 외로움을 느끼며, 서울이 망한다면 의인이 없어 그렇게 될 것이라고 생각했다.

그때 버스 안의 모든 소음을 잠재우는 쩌렁쩌렁한 목소리가 들려왔다.

"저놈이 나쁜 놈이야, 나 처음부터 끝까지 다 보았는데, 저놈이 나쁜 놈이야. 기사, 차를 세워. 저런 놈은 처넣어야 해!"

버스가 정차한 지점은 화곡동 파출소 앞이었다. 목소리의 주인공은 잠바차림의 사내를 끌고 내리면서 윤씨를 보고 증인으로 따라 내리라고 했다. 사내를 파출소에 맡기고 나오면서 의인은 윤씨를 보고 충고했다.

"앞으로 그런 놈보고 아무 말 마세요. 어떤 봉변을 당할지 몰라요."

70년대 초입의 일인데, 윤씨는 지금도 전철에서 어른들에게 담배를 달라는 청소년들을 보면 호통을 치고 다니니 봉변이 그칠 날이 없다.

담

二

19 그들 생애의 어느 하오
20 그해 6월에서 10월까지
21 논개와 카산드라
22 어용, 무능, 그리고
23 사윗감 고르기
24 이조 여인들
25 내기의 끝
26 흙손
27 흙의 아들
28 호박씨
29 등산 동호인
30 배우를 찾습니다
31 커피 삽화
32 태극기 휘날리며
33 아침과 초코파이
34 두두와 또또
35 쓸쓸한 들녘 끝에서
36 어떤 자존심
37 악담
38 신데렐라
39 마지막 카드

그들 생애의 어느 하오

학기말시험이 끝나던 날 장 교수는 친구들에게 전화를 걸었다. 학기 중에는 이런저런 바쁜 일로 만나지 못했으니, 모처럼 만나 저녁이나 같이 하자는 제의였다. 그날 따라 친구들은 장 교수의 그런 제의를 기다리기나 했다는 듯이 저녁 시간을 비워 놓고 있었다.

만날 장소는 식당이 많이 몰려 있기로 유명한 Y대학 앞이고 시간은 일곱 시라고 했다. 그전에 오거나 후에 오는 사람은 그 학교에 적을 두고 있는 장 교수 연구실에 연락하기로 했다.

장 교수는 동료들이 모이기로 한 시간보다 십여 분 전에 교문 앞에 나가 섰다. 주위를 살펴보니, 아직 약속 장소에 와 있는 친구는 없었다. 그때, 우산을 지팡이로 하고 느긋한 걸음으로 교문 쪽으로 걸어오는 노인이 있었다.

노인의 생김새며 옷매무새는 매우 낯익은 것이었다. K대학에 있는 박 교수였다.

'아니, 저 친구가 저렇게 늙었나?'

장 교수는 적이 놀라면서 친구에게 손을 내밀었다.

"어떻게 지냈어? 집에는 별일 없지?"

"별일 있을 리가 없지. 근데, 왜 그렇게 늙었어?"

장 교수는 박 교수를 보고 왜 그렇게 늙었느냐고 물어보고 싶었으나 참았다. 그런데 그쪽에서 오히려 장 교수에게 물으니 완전 역습당한 기분이었다.

"내가 늙어?"

"내참, 더러워서, 인생 다 산 기분이야."

박 교수는 묻는 말에는 대답도 않고 고개를 젓고 있었다. 그들은 젊은이들의 입장에서 보면 몇 년 있으면 환갑을 맞을 노인이지만, 그들의 입장에서는 이제 겨우 오십 중반을 갓 넘은 장년이다. 노인이라고 체념하기에는 이르고 젊었다고 혈기를 부리기에는 어정쩡한 나이인데, 하나같이 머리가 허옇게 세거나 빠졌다.

"무슨 일이 있었어?"

장 교수는 박 교수에게 역정 내고 있는 이유를 물었다.

"아, 글쎄 지하철에서 웬 할머니가 내게 자리를 양보하잖아."

그건 분명 모욕이었다. 아직 노인들이나 어린이를 안고 전철을 타는 새댁을 보면 자리를 양보하고 싶은 쪽은 박 교수 일행인데, 그쪽에서 이쪽을 보고 늙었다고 자리를 양보해 주니, 그건 분명히 흥분하고도 남을 만한 사건이었다.

"그래서 어떻게 했어?"

"기분 나빠서 도중에서 내려 택시를 타고 왔어."

"잘했어."

그때, 그들 앞에 택시가 하나 멈췄다. 지방 분교에 있는 홍 교수였다.

"오늘은 이르군."

"말도 마. 고속도로가 막힐 것 같아서 일찍 서둘렀어."

"요즘도 그렇게 밀리나?"

"점점 더한 것 같아. 인생의 삼분지 일은 고속도로에서 보낼 팔자인가 봐."

몹시 지쳐 보이는 그는 입에 침을 튀기며 말을 계속했다.

"나쁜 자식들. 수도권 인구 집중을 막는다면서 결국 지방 분교들 때문에 고속도로는 더 막혀."

"이사를 하지 그러나."

장 교수의 말이었다.

"이사가 그리 쉬운가. 집사람이 말을 듣지 않아."

공부하느라 결혼을 늦게 한 홍 교수의 젊은 아내는 아이들이 아직 대학에 입학도 하지 않은 상태에서 지방에 내려가 살 수는 없다고 우겨대었다.

낙천적인 성격인 이 교수가 제일 마지막에 도착했다.

"모두들 많이 늙었군."

"늙다니, 그게 무슨 말인가!"

"아닌 게 아니라, 최루탄이 머리카락에 매우 나쁜데."

"실없는 소리."

"아니야, 정말이야. 난 조금 전에 자네들을 보고 효도 관광단 노인네들이 대학에 구경 온 줄 알았어."

"김새는 소리 그만해. 어디로 갈까?"

장 교수가 화제를 바꾸려는 듯이 이 교수의 말을 막았다.

"우리끼리 가자는 거야?"

이 교수가 의아해하면서 물었다.

"우리끼리 아니고, 다른 사람들이 또 있어?" "시시하게 노인네들끼리 궁색하게 몰려 앉아 밥 먹는 꼴은 보기 싫어. 양로원 저녁 식탁을 마련하기 위해 모인 게 아니잖아?"

"그럼, 어떻게 하겠다는 거야?"

홍 교수가 짜증을 부렸다.

"남학생이나 여학생 몇 놈 잡아와, 젊은이들하고 어울려야지, 이게 무슨 꼴이야."

"한 학기 내내 그놈들에게 시달렸으면 되었지. 또 무슨 젊은 놈들이야."

홍 교수는 반대였다.

"아니, 난 그렇지 않아. 난 이 교수의 의견에 찬성이야."

지하철에서 노인네 취급받은 박 교수의 의견이었다. 일행은 자연스럽게 장 교수의 얼굴을 쳐다보았다. 그때 마침 교문으로 나오는 여학생들이 있었다. 매우 뛰어난 미인들이었다.

"가만있어. 어디서 많이 본 애들 같은데, 우리 과 학생들인지도 몰라. 내가 가서 초대할게."

장 교수는 그 학생들에게 가더니, 말도 몇 마디 못하고 돌아왔다. 완전히 송충이 씹은 얼굴이었다.

"어떻게 되었어?"

"말도 마. 내 딸년이야."

"체, 눈도 침침해 오는군."

그들 생애의 어느 하오에 일어난 일이었다.

그해 6월에서 10월까지

박원장은 주문을 받고 나가는 소년을 불러 세웠다. 소년은 요리와 술까지 주문하고 또 무슨 주문이 있느냐는 듯이 박 원장의 표정을 살폈다.

"왕 서방 있지?"

"주인 영감님 말씀이세요?"

"주인 영감 말고 이 집에 왕 서방이 누가 또 있어?"

"네, 있기는 한데, 볼일이 있어서 밖에 좀 나갔어요."

"먼데?"

"아니요, 곧 오실 거에요."

"됐어. 오면 이리로 좀 오라고 해."

"네, 알았습니다."

소년은 공손하게 인사하고 밖으로 나갔다.

"주인에게 긴히 할 말이라도 있나?"

며칠을 굶은 탓인지 양 볼이 홀쭉해진 김씨가 물었다.

"내 더러워서, 조금 전 이 방에 들어오면서 홀에 걸려 있던 사진 봤지?"

"그건 옛날부터 걸려 있던 장개석 사진 아닌가? 괜한 사람 갖고 시비하지 마. 환도한 지 며칠 되지도 않아 변변한 식당 하나 제대로 없는 세상에서 왕 서방에게 밉뵈여 봐. 탕수육은커녕 짜장면 하나 제대로 얻어먹나?"

제주도로 피난 가서 고생만 실컷 하고 돌아온 그림 그리는 하씨의 말이었다.

박 원장과 김씨와 하씨는 이북에서 고등학교를 함께 다니던 절친한 사이였다. 이들은 서울에 와서 전쟁이 일어나기 전에는 이틀이 멀다 하고 만났지만, 전쟁이 일어나기 며칠 전에 헤어졌다가 환도 후에야 겨우 만나게 되었다. 아직 결혼하지 않은 김씨와 하씨는 훌쩍 서울을 떠날 수 있었지만 박 원장은 결혼한 데다 조그만 병원까지 개업하고 있었기 때문에 피난길에 오를 수 없었다.

가끔 이북 군인들이 병원 문을 두드리며 의사를 찾았지만, 박 원장은 그들 앞에 나설 처지가 못 되었다. 이북 출신이기도 하고, 전쟁터에라도 끌려나가면 언제 어떻게 될지 모르는 신세였기 때문이었다. 그러나 한참 젊은 나이에 숨어 있을 수만은 없어 밖으로 나가려고 하면 아내는 한사코 다락에서 내려오지 못하게 했다. 자신은 과부가 되어 유복자를 키울 독한 여자가 될 수 없다고 강하게 막아서곤 했다. 그러나 비교적 조용한 오후에 박 원장은 골목 어귀에 나가 햇빛이라도 쏘이고 오겠다고 다락을 나서고 말았다. 아내는 못 미더운지 뜨지막한 얼굴을 하고 한 시간 안에 돌아와야 한다고 했다.

막상 다락을 나서니 갈 데가 없었다. 아니, 갈 데는 있었지만 믿고 찾아가서 세상 돌아가는 이야기를 들을 만한 데가 없었다. 어릴 때 같이 자란 친구가 아니면, 아는 사람을 만나는 것이 병이 될 수가 있는 상황이었다. 그렇다고 다시 다락에 들어가서 언제 끝날지 모르는 그 생활을 계속할 수는 더구나 없었다. 신선한 바람이라도 실컷 쏘이고 집으로 돌아가야겠다는 생각으로 대로변에 나왔을 때 그의 앞에 다가선 것이 중국 식당이었다. 중국 식당은 그가 학교 다닐 때부터 자주 드나들건 곳이었다. 주인 왕 서방은 박 원장을 매우 좋아할 뿐 아니라 신용을 지킬 줄 아는 젊은이라고 외상으로 음식을 줄 정도였다.

"그래, 저 사람은 믿을 수 있어."

거리에 지나다니는 사람이 없었지만, 중국 식당에는 드나드는 사람들이 보였다. 박 원장은 갑자기 시장기를 느꼈다. 오랜만에 중국 음식도 실컷 먹어 보고, 세상 돌아가는 이야기도 들어 봐야지. 왕 서방은 이북 군인들에게 박 원장이 이북에서 왔다는 것, 그리고 의사라는 것 등에 대하여 꼬여바칠 사람이 아니었다. 그는 외국인으로 그런 짓을 해서 자신에게 이득 될 것이 없었다. 그뿐 아니었다. 왕 서방은 식당 가운데 벽에 항상 전지 크기의 장개석 초상화를 걸어 놓고 신줏단지 모시듯 하지 않았던가. 박 원장은 식당 문을 들어서면서 곁눈으로 의자에 앉은 손님들과 왕 서방의 행동을 엿보았다. 다행히 군인들이나 기관

원 차림새를 한 사람들은 없었다. 왕 서방도 자신을 살필 틈이 없었는지 주방에 대고 소리를 지르고 있었다. 그래서, 마음 놓고 고개를 들고 가운데 벽을 보게 되었다. 아니, 이게 어찌 된 일인가? 벽은 말끔하게 새 페인트로 칠해져 있는데, 그곳에는 장개석이 아닌 다른 사람의 얼굴이 걸려 있었다.

모택동 초상화였다. 그렇다면 왕 서방도…?

생각이 거기까지 미친 박 원장은 기겁을 하고 중국 식당에서 뛰쳐나왔다. 그리고 어떻게 뛰어서 집 다락에 틀어박히게 되었는지 생각이 나지 않았다. 그것이 전부였다. 박 원장은 그 뒤로는 다시 다락 밖으로 나가지 않고 9.28 서울 수복을 맞게 되었다.

요리가 들어오고, 술이 몇 순배 돈 다음에도 왕 서방은 나타나지 않다가 통행금지 시간이 다 되어서야 박 원장 일행 앞에 나타났다. 아무렇지도 않은 얼굴이었다.

"어, 이게 누구야. 살아 있었어. 오랜만이야. 또 외상 달라는 거야. 나 못해 줘."

"이봐, 장개석 사진 떼고, 모택동 사진 붙였지, 지금 그 사진 어디 있어?"

박 원장은 따지듯 다그쳐 물었다. 왕 서방은 적이 놀란 모양이었다. 조금은 떨리는 표정이기도 했다. 그리고는 절규하듯 내뱉었다.

"나쁜 사람들, 그런 걸 따지는 사람들이 나쁜 놈들이지. 우린 그런 걸 몰라해, 먹구 살아야 해. 사는 것이 제일이야. 먹구 사는 거 제일이야해."

박 원장 일행은, 왕 서방 앞에서 할 말을 잊은 채 고개 숙이고 중국집을 나왔다.

1950년 6월부터 10월 사이에 있었던 일이었다.

논개와 카산드라

천왕봉에서 법계사에 이른 일행의 의견은 세 가지로 갈리고 있었다. 여섯 사람이 팀을 이뤄 등산을 했으나, 의견은 두 사람이 하나씩 내놓은 꼴이었다.

법계사 앞 로터리 산장에서 짐을 풀고 텐트를 치자는 것이 젊은이들의 의견이, 처음에 계획한 대로 중산리에 내려가서 민박하자는 것이 리더격인 김씨의 주장이었다. 그러나 여성들은 이 두 가지 의견에 따를 수 없다고 했다. 이틀 동안이나 산에서 잤으니, 이제는 산만 보아도 지긋지긋하니, 진주 시내로 내려가 목욕도 하고 편안한 잠자리에서 다리를 쭉 뻗고 자고 싶다는 것이었다.

리더인 김씨는 아무 의견도 내놓지 않고 있는 길수의 얼굴을 보았다.

"왜 날 쳐다보고 있어. 난, 아무 데서 자도 괜찮아."

"아이, 그런 말이 어데 있어요? 아저씬, 서울에서부터 진주

남강에 들러보고 싶다고 하셨잖아요?"

살살이 미스 한이 길수의 팔에 매어 달렸다.

"내가 그랬던가? 그럼 진주에 가서 자지 뭐?"

리더인 김씨는 잠시 동안 일행의 표정을 살피더니, 큰 결단이라도 내리듯이 "진주"라고 힘을 주어 말하고는 하산 명령을 내렸다.

길수가 서울에서 천리길이라는 진주에서 하룻밤을 지내게 된 것은 그런 이유에서였지 별로 특별한 계획이 있었던 것은 아니었다.

중산리에서 막차를 타고 진주 시내에 이르니 벌써 자정이 가까운 밤이었다. 리더인 김씨는 고맙게도 남강 근처에 숙소를 정했는데, 강은 보이지 않고 자동차 소리만 요란하게 들리는 그런 곳이었다.

길수는 지리산의 바람 소리 여운이 아직 귓가에 생생한데, 그 속으로 자동차 소음이 비집고 들어오니, 피곤한 몸인데도 잠을 이룰 수가 없었다.

새벽녘에야 겨우 눈을 붙인 길수가 눈을 떴을 때는, 이미 해가 창을 밝히고 있었다. 리더인 김씨는 책임감에서 벗어나 코를 골며 신나게 자고 있었다.

옆방에 귀를 기울여보니, 살살이 미스 한은 이빨까지 갈며 자고 있지 않은가? 저놈의 이빨소리 때문에 첫날밤 피아골에서 얼마나 혼이 났던가. 길수는 일행들을 깨우지 않고 일어나 남강가에 자리잡은 진주성으로 들어갔다. 성의 쪽문으로 해서 옛날 논개가 일본 장군을 안고 물 속에 몸을 던졌다는 그 바위에 서서 한참 생각에 잠겼다.

길수는, 역사적인 장소에 와서 자신이 심각해지지 않음을 인식하고 이상하다고 생각했다.

논개가 숭고하게 몸을 던진 남강의 수심이 얕아서 일까, 아니면 4백 년이라는 세월이 퇴색시킨 진실 때문일까. 그도 아니면 지리산이 품고 있는 그 많은 상처가 침묵하고 있는데, 논개만이 소리 높여 노래 부르고 있기 때문일까.

길수는 성안 외딴 곳에 자리 잡은 논개 사당 앞에 이르렀다. 한복은 단정하게 차려 입은 후덕하게 생긴 부인이 사당 앞에서 청소하다 길수에게 눈인사를 했다.

"마, 들어와서 절하소."

부인은 손짓하면서 길수를 보고 사당 안으로 들어가서 논개에게 절하라고 했다. 그것이 탈이었다. 그때 길수의 머리 속에는 엉뚱하게도 트로이아의 공주 카산드라의 모습이 떠올랐다.

카산드라는 트로이의 마지막 왕, 프리아모스와 왕비 헤카베 사이에서 태어난 공주로, 세계의 실권을 쥐고 있던 제우스의 아들 아폴로가 영원한 처녀를 약속한 아폴로의 여인이었다.

그녀는 조국 트로이를 초토화시킨 그리스 연합군 총사령관 아가멤논에게 정부로 배당되어 가면서 복수를 맹세한다.

"아폴론이 정말 신이라면, 그리스의 명성 높은 왕 아가멤논은 헬레네라는 여인을 데려옴으로써 트로이가 망했는데, 그는 나를 데려감으로써 더 흉측한 결과를 가져 오게 되리라는 것을 맹

세 알 수 있습니다."

"마, 빨리 들어와서 절하소."

논개 사당을 지키는 여인은 길수를 보고 재촉했다.

"나는 그의 죽음의 원인이 되고, 그의 자식이 부모를 살해하는 사건에 대해서까지 언급하고 싶지는 않습니다. 다만 조국 트로이는 그리스보다 더 영광스러운 나라라고 말할 수 있습니다."

우리의 논개는, 겨우 일본 장군 하나를 죽이고 아까운 몸을 수심 얕은 한강에 던졌다.

어디까지나 일대일의 죽음이다. 그렇다면 어느 쪽이 손해인가? 이건 분명 우리 쪽이 밑지는 장사가 아닌가.

카산드라는, 아가멤논과 크류타이멘스트라, 아이기토스의 죽음의 원인이 되고 아튜르스 일가를 흔드는 대소동으로 복수를 했다.

논개 사당의 후덕한 부인은 빗자루를 던지며 소리를 질렀다.

"마, 왜놈인갑다. 아침부터 재수없게 웬 왜놈이가. 가라 임마. 재수없다."

길수가 정신을 차렸을 땐, 이미 논개에게 절할 수 없는 일본 사람이 되어 있었다. 그는 쫓기듯 진주성을 빠져 나왔다.

어용, 무능, 그리고

학생들이 재단 적립금이나 부정 입학 운운하면서 대학 본관 계단에서 시위를 할 때까지만 해도, 홍 교수는 그것이 남의 나라 이야기나 되는 듯이 별 관심을 보이지 않았다. 그는 자신에게 주어진 임무만 착실히 하면 그뿐이지 그 외의 일에는 관심을 가질 필요가 없다고 생각했다. 그런데, 일은 그렇게 간단하게 끝나질 않았다. 학교 행정직에 있는 교수와 총장실 점령 학생 사이에 심각한 문제가 발생했다. 심각한 문제가 발생했다고 발표한 것은 학생들이었는데, 그것은 보직 교수가 학생을 때렸다는 것이고, 심각하지 않다고 침묵하고 있는 당사자는 때린 것이 아니고 밀쳤다는 것이었다. 어쨌건 그 다음 날 학교 대자보에는 "제자를 때린 폭력 교수 물러나라는 것"이었다. 홍 교수는 폭력 교수로 몰린 강 교수가 학생들을 때릴 만큼 힘이 있거나 자신의 신념에 넘쳐 있는 사람이 아니라는 것을 잘 알고 있었다. 그러나 대자보에 분명히 학과와 이름이 박혀 있으니, 강 교수는 폭력 교수일 수밖에 없게 되어 있었다. 홍 교수는 강 교수의 처지가 딱하게 되었다고 생각할 뿐 자신으로서는 어쩔 수 없는 일이라고 혀만 차고 있을 수밖에 없었다. 그런데 일은 그것으로만 끝나질 않았다. 폭력 교수에 대한 비난이 있은 다음 날, 각 대학 게시판에 어용 교수 명단이 나붙었다. 그 명단 중에는 홍 교수와 같은 과에 근무하는 교수의 명단도 들어 있었다. 홍 교수는 속으로 흥분했다. 그는 자신의 동료가 결코 어용 교수가 아니라는 것을 잘 알고 있었다. 남달리 부지런하고 제자들을 사랑하는 그 교수는 정부 기관이나 기업체로 돌아다니며 제자들의 취직 자리를 마련하기 위해 애쓰는 사람이었다. 그런 그가 어용 교수라면 앞으로 어떤 사람이 제자들을 위해 뛰어다녀야 할지 모를 일이었다.

학생들의 소요는 어용 교수 운운하면서 끝날 줄 알았다. 그러나 그게 아니었다. 그다음에는, 무능 교수 명단이 각과 게시판에 붙었다. 홍 교수의 과에는 무능 교수로 낙인찍힌 사람이 둘이나 되었다. 그러니 어용 교수 한 명에, 무능 교수 두 명에 아무런 낙인도 찍히지 않은 것은 홍 교수뿐이었다. 세 명은 입이 쓰다고 학교에 나오지도 않고 있으니 홍 교수만 학과를 지킬 수밖에 없었다. 홍 교수는 그게 또한 못마땅했다. 동료들과 같이 무능이나 어용으로 낙인찍히면, 그런대로 동료들과 같이 행동하면 되는데, 그도 저도 아니니 처신하기가 난감했다. 그날도 학과생들은 전부 과실 앞 산디밭에 모여 어용 교수와 무능 교수는 물러가라는 데모를 하고 있었다. 홍 교수가 조교와 같이 과실을 지키고 있는데 강사인 박 교수가 왔다.

"오늘도 수업은 안 되겠어. 김 조교, 박 선생에게 연락 안 했어?"

"아니야, 연락받았어. 우리 학교도 이 꼴이라서 시간도 보낼 겸해서."

"실기실로 가지."

"그렇게 하세."

홍 교수는 조교에게 과실을 맡기고 박 교수와 함께 실기실로 갔다.

"시간을 보내는 데는 이게 제일이야."

박 교수는 가방에서 화투를 꺼냈다. 홍 교수는 마음이 내키지 않았으나 적당히 자조적인 기분이 드는데다 태연함을 보여야겠다는 생각이 들어 실기 테이블을 가운데 두고 박 교수와 마주 앉았다. 바둑을 모르는 그들은 무료할 때면 가끔 고스톱을 즐겼다.

그러나 그날 화투는 잘되질 않았다. 신경이 화투판에 있는 것이 아니라 잔디밭에 앉아 데모하는 학생들에게 있으므로 화투가 잘될 리가 없었다. 홍 교수는 학교와 학과가 더 이상 어용이나 무능 또는 폭력 시비로 시간을 낭비해서는 안 되겠다고 생각했다. 더 이상의 상처는 학생들이나 교수 모두에게 해가 되므로 누군가가 나서 이 문제를 해결해야 한다고 믿게 되었다. 그러나 누구 하나 선뜻 이 문제를 해결하려는 사람은 없었다. 그래서 홍 교수는 자신이 속해 있는 과의 문제 하나만이라도 자신이 나서야겠다고 결심하게 되었다. 그에게는 학생들을 설득할 수 있는 어느 정도의 자신감도 있었다. 그는 수업을 한 시간도 빼어먹지 않고 학생들을 친동생이나 조카처럼 사랑했다. 그 결과 자신의 이름은 게시판에 나붙지 않았으니, 이 문제를 개혁할 수 있는 사람은 자신밖에 없었다. 홍 교수는 급히 과실에 들어서면서 "김 조교, 내가 나서야 하겠어. 나가지"라고 했다.

"선생님, 그건 안 됩니다."

"선생님도 게시판에 붙었어요."

"무슨 교수?"

"도박 교수로요."

"백 원짜리 고스톱인데?"

"무조건 도박 교수로 되어 있어요."

그래서 홍 교수는 학생들 앞에 나서지 못했다.

사윗감 고르기

중매쟁이 박 씨는 입에다 거품을 물고 김섭봉 씨에게 젊은이 자랑을 했다. 중매쟁이 박 씨네 먼 친척뻘되는 젊은이는 의과대학 출신으로 현재 서울에 있는 종합병원 레지던트로 있는데, 서울에서 내노라하는 집 규수들도 탐을 내는 그런 사람이라고 했다. 소위 마담 뚜들의 수첩에 오른 정도로 유망한 젊은이인데, 이 지방 도시에까지 와서 선을 보겠다고 한 것은 중매쟁이 박 씨의 권유 때문이라고 했다. 젊은 의사는 그만큼 평소에 박 씨를 존경했다고 했다.

김섭봉 씨는 평소 같으면 박 씨의 말을 귀에 담아 두지도 않았겠지만, 딸의 장래에 관한 문제인데다, 내세우는 조건 또한 만만치 않아 딸에게 넌지시 물어 보았다.

"의과대학 졸업생에, 종합병원 레지던트요? 선 한번 본다고 손해 날 것 없잖아요?"

딸년은 아무렇지도 않다는 눈치였다.

"요런 맹랑한 년이 있나, 이제껏 시집 안 가고 나와 같이 살겠다고 하고, 조건이 좋은 자리 나왔다고 시집가겠다고 나서?"

그러나 김섭봉 씨는 이 말을 입 밖으로 내지는 않았다.

"정말 선 볼래?"

"그러-ㅁ요."

김섭봉 씨의 딸은 매우 신난다는 표정이었다. 환갑을 넘긴지 몇 년이 되는 김섭봉 씨가 딸 미애를 본 것은 사십이 넘어서였다. 늘그막에 무남독녀 외딸을 본 김섭봉 씨는 딸 미애에게 인생의 모든 것을 걸었다. 국민학교 4학년 때 가정교사를 붙여 서울로 올려 보냈다. 그리고 십여 년이 훨씬 지나 딸 미애는 대학을 졸업했다. 대학 졸업 때, 딸은 취직해서 서울에 머물러 있고 싶어 했다. 김섭봉 씨는 그건 말도 안 된다고 했다. 그까짓 월급 몇 푼 때문에 딸을 취직시켜 고생시킬 수는 없는 일이라고 했다. 학교를 졸업한 딸은 아버지 곁에 올 수밖에 없었다. 간혹 지방 도시에서 착실히 돈을 모은 젊은이들로부터 중매가 들어왔다. 그때마다 김섭봉 씨는 딸 미애의 의사를 타진해 보았다. 딸은 "시집을 안 가고, 한 평생 아버시와 어머니를 모시고 살겠다."고 잘라 말했다.

김섭봉 씨는 그게 고맙고 대견했다. 남들은, 아들은 가진 부모는 고속버스를 타고 딸은 가진 부모는 비행기 타고 L.A.에 간다고 하지만 김섭봉 씨는 역시 딸은 딸이고 아들은 아들이라고 생각했다.

딸을 가진 아버지는 결혼식장에서 딸의 손을 잡고 사위될 시

커먼 놈에게 딸을 인계해 주고 나면, 그것으로 모든 것이 끝이 난다. 식이 끝나면 딸은 간데없고, 집에 돌아오는 길은 허전하고 빈 하늘에선 흰 구름만 떠 다닐터인데, 그건 생각만 해도 신경질 나는 일인데 딸 미애가 시집가지 않고 혼자 살겠다니 그게 어찌 고맙지 않은가. 그러던 딸이 신랑감이 의사라니, 선보겠다고 나섰다.

"여자의 마음은 갈대와 같다더니 할 수 없군."

박 씨는 호텔 커피숍에서 인사를 하고 차를 한잔 마시자마자 어른들은 자리를 떠야 된다고 했다. 그러나 그게 어디 될 말인가. 어떻게 키운 딸인데 사윗감을 10분도 관찰할 수 없단 말인가.

호텔 커피숍에는 박 씨와 젊은 의사가 김섭봉 씨와 미애를 기다리고 있었다. 서울 장안의 유망한 신랑감은 퍽 나약해 보였다. 김섭봉 씨가 손을 내밀어 악수를 청했다. 청년은 김섭봉 씨가 너무 우악스럽게 손을 잡았기 때문에 손이 아파 비명을 지를 뻔했다.

미애는 눈을 밑으로 깔고 아무 말도 않고 얌전을 떨었다. 유망한 젊은 의사는 김섭봉 씨 쪽은 바라보지도 못하고 미애의 외모를 탐색했다.

"저녁 먹으러 가지. 여름에는 냉면이 제일이지."

김섭봉 씨가 일어나자 박 씨는 눈짓하며 그의 옆구리를 찔렀다. 그러나 그는 아랑곳하지 않고 냉면집으로 향했다. 박 씨와 두 젊은이들도 그의 뒤를 따를 수밖에 없었다.

주문 받으러 온 소녀에게 김섭봉 씨는 곱빼기를 시켰다. 박 씨와 미애는 보통으로 시켰다. 그리고 유망한 젊은 의사는 맛보기를 달라고 했다.

그날 밤, 김섭봉 씨는 박 씨에게 전화를 걸었다.

"곱배기에 사리까지는 몰라도 최소한 보통은 되야지, 사내새끼가 맛보기가 뭐야, 난 그런 놈에게 딸을 맡길 수 없어."

박 씨는 김섭봉 씨의 사위 고르는 방법을 전혀 모르고 있었다.

이조 여인들

임씨는 만리장성에서 한복을 입은 여인들을 보고 자기의 눈을 의심했다. 어떻게 한복, 그것도 1940년대식 한복을 입은 여인들을 1980년 초에 북경에서 만날 수 있단 말인가? 다홍치마에 노랑 저고리나 녹색 저고리를 입은 여인들은 얼굴이 검고 손이 거칠 뿐 아니라 목소리도 컸다. 삼십 여년을 외국에서 살아온 그는 자신이 사십 년 전으로 돌아간 듯한 착각에 빠졌다. 여긴 분명히 서울도 평양도 아닌데, 어떻게 한복을 입은 여인들이 저렇게 많이 큰 소리를 지르며 몰려다닌단 말인가?

임씨는 자신이 갈 수 없는 땅, 서울이나 평양에서도 저런 옷을 입는 사람이 없을 것이라고 생각했다. 임씨가 서울에도 갈 수 없고 평양에도 갈 수 없게 된 사연은 극히 단순한 데서 비롯되었다. 임씨가 살고 있는 도시에서 자동차로 열두 시간 가는 조그만 도시에서 세계 탁구 선수권 대회가 열렸는데, 그는 만사를 제쳐두고 그리로 달려갔다. 이십여 년 만에 만나는 고국 선수들을 위해 그는 목청이 터져라 응원했다. 그가 실수한 것은 한쪽만 응원했으면 그만인데, 양쪽 다 응원했기 때문이다. 이남 선수도 응원하고 이북 젊은이들도 응원했다. 그리고 체육관에 나온 교포들 보고 자기처럼 행동하라고 했다. 그게 탈이었다. 그 탁구 선수권대회 이후, 그는 양쪽에서 미움을 받게 되었다.

유럽 생활에 지친 임씨는 모처럼 시간을 내어 중국 관광길에 올랐는데, 북경 근처의 만리장성에서 그만 한복을 입은 여인들을 만나게 되었다. 그는 여인들을 따르다 맨 뒤에 있는 여인에게 말을 걸었다.

"어데서 오셨어요?"

"엣, 아이구 깜짝이야. 야들아 저걸 봐 페러븐 사람이 있다이."

여인은 놀라서 동료들을 불렀다. 여인의 동료들은 순식간에 달려와 임씨를 에워쌌다. 적개심을 가진 것 같지는 않았다. 여인들은 신기한 동물을 구경하듯 임씨의 구석구석을 살폈다. 그 같은 태도는 임씨도 마찬가지였다.

"어디서 왔음메?"

여인 중 나이가 제일 많이 들어 보이는 사람이 물었다.

"한국 사람인데, 반가워서 그래요."

"한국 사람? 그럼 남쪽에서 왔단 말입메? 남쪽 사람들은 중국에 못 온다고 들었소."

"남쪽에 사는 게 아니고, 유럽 쪽에서 살고 있어요."

"조선 나그네인지, 한국 사람인지… 그저, 그런 셈이지요."

"그런 어정쩡한 대답이 어디 있소?"

"어쩌다 보니, 그렇게 되었어요. 그런 아주머니들은 어데서 오셨어요?"

"우리 말이오. 우리는 연변에서 왔지비. 연변이 어디 있는지 아오?"

임씨는 그제야 촌스러운 한복을 입은 여인들의 정체를 알 수 있었다. 임씨는 자신과 여인들의 입장이 어쩌면 같다는 생각이 들어 경계심을 풀었다.

"여기는 어떻게, 교육이라도 받으러 오셨어요?"

"교육이 다 무스기요, 우리는 관광 온기오."

"관광? 생활 형편이 좋은 모양이군요."

"그저 그렇구 그렇습메. 어저는 배고파 못사는 사람들은 없습메. 지만 부지런하면 아아들은 핵교에 보내구, 이렇기 관광두 다닐 수 있습메."

"부럽습니다. 이렇게 같이 다니시니?"

"그런 나그네는 관광 온기 아니오?"

"아니, 그런 뜻이 아닙니다. 나는 유럽에서 혼자 살고 관광도 혼자 다니는데, 이렇게 한복 입고, 한국 사람들끼리 함께 다니는 것이 부럽단 말입니다."

"우리는 한국 사람 아이구 조선 사람이오."

"야, 듣기 싫다. 한국 사람이면 어떻구 조선 사람이면 어떻니? 그기그기 지비."

"그래요, 맞아요. 그게 그거지요."

일행은 소리 높여 함께 웃었다.

“그래도 살아가는 데 어려운 점은 있겠지요?”

임씨가 지극한 음성으로 물었다.

“별 어려운 점은 없습메. 그저 남편들이 속을 썩여서 그기 탈이지비.”

“남편들이 속을 썩이다니요. 여기는 남녀평등 사회가 아닙니까?”

“세상은 평등인데, 조선 스나들은 아직 철이 아이 들어서 큰일이오.”

“어떻게 속을 썩이는데요.”

“말이 길어지겠다이. 그렇기 그기 궁금합메?”

“네.”

“연변 조선 스나들은 말이요, 술을 마이 마시는디 이건, 술을 마시구 시도때도없이 자는 사람을 깨워서 술을 더 가져오너라, 국수를 말아 오너라, 해장국을 끓여 오너라구, 귀찮게 군단 말이요. 혼자면 몰라두 어떤 때는 동무들까지 몰구와서 그러이, 그 시중을 뉘기 좋아 하겠오?”

임씨는 유럽, 특히 자신이 살고 있는 덴마크의 여인들을 생각했다.

“그렇게 귀찮으면 이혼하시죠, 뭐.”

“이혼 말이오? 이 나그네가 미쳤구만. 우리는 조선 사람이오. 조선 사람들이 어떻기 이혼한단 말이오.”

여인들은 못들을 소리를 듣고 귀라도 씻어야 하겠다는 듯이 임씨의 곁을 떠났다.

아름답고 사랑스러운 이조 연인들이 열을 지어 만리장성을 내려가고 있었다.

내기의 끝

퇴근 시간이 되려면 멀었지만 강만이는 친구 용길이가 근무하는 회사 건물 지하 다방에 가서 기다렸다. 담배 두 개비를 다 피우고 나서 용길이는 나타났다. 귀찮아하는 표정은 아니었다. 그렇다고 반가워하는 표정도 아니었다. 죄를 짓고 구치소에 들어갔다 온 것은 강만이었지만, 미안해하는 편은 용길이었다.

"언제 나왔어?"

"쓸데없는 소리 하지 마. 내가 구치소에 들어가 앉아 있는 것을 네가 나희에게 알렸지?"

"나희라니, 그 기집애가 너에게 면회 갔어?"

"딴전 피우지 말고 좀 솔직해, 인마. 나 그 애 때문에 죽을 지경이야."

"그 애가 너보고 뭐라고 하던?"

"아이, 속상해, 내 원 더러워서."

강만이는 테이블 위에 유리컵을 들어 물을 벌컥 마시고 오만

상을 찌푸리며 용길에게 덤벼들었다.

"야, 인마. 사내로 태어나 기집애 동생 하나 못다스리냐? 그 애 집에 좀 잡아둘 수 없니?"

"인마, 그 애가 국민학생이니, 고등학생이니? 대학 졸업반이야. 다 큰 기집애를 어떻게 잡아두어?"

"그래도 넌 그 애의 오빠잖아?"

"오빠면, 뭐해? 말을 들어줘야지. 따지고 보면, 너보다는 내가 더 죽을 지경이야. 부모님들은 하나밖에 없는 딸을 나 때문에 깡패에게 주게 되었다고 보통 야단이 아니야. 그래서 내가 그 기집애 보고 정신 차리라고 네가 싸움질하고 구치소에 들어갔다는 얘기를 했어. 어느 구치소란 얘긴 하지 않았어. 근데, 그 애가 널 찾아갔어? 뭐래?"

"평생 내 곁에서 살겠데. 더러워서, 결혼하제."

"결혼! 하지 뭘 그래?"

"너 이 자식, 말 다했어?"

강만이와 용길은 대학 동기 동창으로 매우 가까운 사이다. 용길이는 비교적 차분한 성격인 데 비해 강만이는 활달한 행동파였다. 그래서 용길이는 학교를 졸업하고 취직했는데, 강만이는 취직은커녕, 아버지가 물려주려는 사업도 마다하고 떠돌아다녔다. 동기들은 결혼해서 자식을 보고 있는데 강만이는 결혼할 꿈도 꾸지 않고 있었다. 그런 강만이가 술집에서 싸우고 구치소에 가 있는데, 용길의 동생 나희가 찾아가서,

"나는 오빠의 아내가 되기로 결심했고, 이 운명은 옛날에 지

어진 것이니 아무도 갈라놓을 수 없다." 고 통고했다.

결혼 같은 것은 하지도 않겠다던 강만이는 앉아서 날벼락을 맞은 셈이었다.

"일본에 밀항이라도 갔으면 좋겠어."

"그게 어디 쉬운 일이어야지."

"아니야, 그 애는 밀항해서라도 따라올 애야."

"그래, 집에서 하는 성깔대로라면 일본이 아니라 이북에라도 따라갈 애야."

"모든 게 성수, 그놈 새끼 때문이야."

"지난 이야기를 해서 뭐해?"

"아이고 답답해."

강만이는 가슴을 쳤지만, 지난 일은 돌이킬 수 없었다.

강만이와 성수는 대학 일 학년 때 지리산 밑 오지로 농촌 봉사 길에 올랐다. 말이야 농촌 봉사지, 내심은 핑계를 대고 방랑길에 오를 계획이었다. 그러나 그들의 계획은 실패로 돌아가고 말았다.

봉사단 대장이 모진 선배라서 그들에게 도망칠 자유 시간을 주지 않았다. 이 주일 동안 농촌에서 죽으라고 일을 하고 그들이 찾아간 곳이 무산에 있는 용길의 집이었다.

처음 며칠간은 재미있었다. 송도, 광안리, 해운대 등으로 쏘다닐 때까지는 좋았다. 햇볕에 일도 화상을 입고 나서는 집에 들어앉아 있을 수밖에 없었다. 그들은 바둑으로 소일하게 되었는데, 그것도 심심해서 내기 바둑을 했다. 뺏길 것 다 뺏기고 낼 돈이 없게 되었을 때 성수가 제안했다.

"마지막으로 용길 동생 내기하자."

"나희? 녀석들 짓궂긴."

용길이가 말렸다.

"좋아. 대찬성이야."

강만이가 바둑판에 다가섰다.

수돗가에서 손을 씻고 있던 중학교 삼 학년짜리 나희가 얼굴을 붉히며 방으로 들어갔다.

내기 바둑 결과 강만이가 이겼다. 그래서 그는 나희, 중학교 삼 학년짜리 나희를 보고 '넌 내꺼' 라고 싱겁을 떨었다. 그뿐이었다. 강만이는 그 후 십여 년이 되도록 나희를 잊고 있었다. 가끔 용길이가 심각한 얼굴을 하고 나희 이야기를 꺼낼 때가 있었지만, 그저 그러다 말겠거니 하고 넘겨 버렸다.

용길의 이야긴, 명문 학교에 인물도 좋은 나희에게 귀찮을 정도로 중신이 들어오는데, 운명은 중삼 때 결정되었으니 결혼 이야기는 꺼내지 말라는 것이었다.

그래서 강만이는 애써 나희를 피해 다녔다. 그는 결혼이란 영원한 굴레라고 생각했다. 가정을 이루고 아이들을 안고 다녀야 하는 따분한 가장, 생각만 해도 소름이 끼쳤다. 결혼은 자유주의자의 감옥이라고 믿었다.

강만이는 도망치고 나희는 따라다녔다. 나희가 구치소에 면회간지 채 이 년을 못 넘기고 강만이는 더 도망 다니기에 지쳐 가정이라는 감옥에 갇히고 말았다.

흙손

임 기자가 할머니를 알게 된 것은 우연한 일이었다.

아내와 아이들이 맘씨 좋은 할머니네 밤나무 동산으로 놀러 가자고 했을 때 그는 선뜻 마음이 내키지 않았다. 놀러 가자면 설악이나 속리산으로 본격적으로 갈 일이지, 집에서 버스를 타고 한 시간이면 닿을 수 있는 곳에 있다는 할머니의 밤 동산이 무슨 기대할 것이 있겠느냐는 생각에서였다.

그러나 임 기자는 아내와 아이들의 성화에 못 이겨 시내버스에 몸을 던질 수밖에 없었다. 버스는 삼십 분도 못 가 종점에 도착했다. 아이들은 외가 찾아가듯 신 나게 앞서 걸었다.

맑은 공기와 풍요로운 가을이 임 기자의 눈앞에 전개되었다.

"여기에 이런 곳이 있었나?"

"관광버스를 타야만 시골로 가는 줄 알았어요?"

그때 앞서 가던 아이들이

"저기다!"

하고 소리치며 뛰어갔다. 아이들이 가리킨 곳은 야트막한 언덕이었는데 언덕은 밤나무로 덮여 있었다.

밤나무 숲에는 잡초가 널려진 공터도 있었는데 아이들은 그곳에 있는 나무에 매어 달려 밤을 털었다.

“아니, 주인이 오면 어떻게 하려고?”

“조선 밤이라서 누가 사가지도 않는데요.”

“당신 여기 자주 왔어?”

아내는 빙긋이 웃고 대답을 안 했다.

그때 벌겋게 드러난 고구마밭 사이에서 무엇인가 움직이는 것이 있었다. 그것은 봄에 밭에 쌓였던 눈이 녹아난 다음 서서히 모습을 드러내는 거름더미처럼 김을 뿜으며 이쪽을 향해 움직이기 시작했다.

“할머니다!”

아이들이 그쪽을 보고 소리 질렀다.

그것은 사람이었다. 파 뿌리같이 하얀 머리를 이마 위에 휘날리며 이쪽을 향해 웃고 있는 것은 할머니였다. 잔주름이 거미줄처럼 짜인 할머니의 얼굴은 검게 타서 땅과 구별이 되지 않을 정도였다. 얼굴뿐 아니었다. 할머니는 무명저고리 밖으로 튀어나온 목과 손등으로 이마의 뺨을 닦으며 임 기자와 그의 아내를 보았다.

“나 같은 과수댁은 아니었구만, 한심한 사람 같으니라구, 저렇게 가족에게 무심하면 쓰나?”

할머니는 정이 어린 눈으로 임 기자를 보며 나무랐다.

할머니의 손을 잡은 임 기자는 깜짝 놀랐다. 그 손은 투박한 갈쿠리로 왕모래 종이처럼 거칠고 힘이 있는 흙손이었다.

할머니가 해주는 점심과 저녁을 먹고 나니 해는 곧 서쪽으로 자취를 감췄다. 아이들은 나무 위에 매어 달리고 뛰논 탓인지 하품하며 졸려 했다. 할머니는 햇빛에 말린 고추와 낮에 수확한 고구마를 보자기에 싸서 아내의 손에 들려주었다.

집에 돌아온 임 기자의 아내는 할머니가 이북에서 피난 나왔다는 것과 결혼한 아들이 하나 있는데 일 년에 한두 번 들린다고 했다. 그리고 자신과 아이들에게는 친정어머니처럼 편하게 대해 준다고 했다.

아침저녁으로 찬바람이 나기 시작할 때 임 기자는 할머니의 흙손이 트지 않을까 염려되었다. 그뿐 아니라 요즘에 와서 구하기도 힘든 다 낡아 버린 무명저고리 사이로 스며들 바람도 걱정이었다. 그래서 로션과 스웨터를 사 들고 혼자서 할머니에게 갔다.

할머니는 지난 공일날에 올 줄 알았다며, 일주일 동안 아랫목 이불 속에 고이 간지하고 데운 맥주 두 병을 내어 놓았다. 그는 할머니에게 맥주는 냉장고 속에 넣어 두어야 한다고 말하지 못했다. 거품이 나는 뜨거운 맥주를 마시며 임 기자는 자기가 마시는 것이 맥주가 아니라 할머니의 마음이라고 생각하니 눈시울이 뜨거웠다.

임 기자는 그 후 계속해서 할머니 집에 들렀는데 그때마다 할머니는 아랫목 이불 속의 맥주를 내어 놓았다. 임 기자가 일 년간 미국에 연수 가게 되었을 때, 그는 할머니에게 인사하러 들렀다.

"일 년이면 난 가고 없을지 몰라."

"아이, 이렇게 건강하신데."

할머니는 허리를 약간 구부리더니 허리춤에서 무엇을 꺼내서 임 기자의 손에 쥐어 주었다. 할머니에게선 흙과 풋과일 냄새가 났다. 먼 옛날 어머니에게서 나던 그런 냄새였다. 눈물을 보이지 않기 위해 돌아선 할머니를 뒤로하고 버스에 탔을 때 임 기자는 자신의 손바닥을 펴보았다. 그곳에는 오천 원짜리 지폐가 놓여 있었다. 노자에 보태 쓰라는 할머니 말이 떠올랐다.

일 년 후 임 기자가 귀국하여 할머니를 찾았을 때 할머니는 밤나무 동산 공터의 무덤 속에 있었다. 할머니는 고향으로 돌아간 것이었다. 할머니의 흙손은 잡초를 키워 임 기자의 발길을 반겼다.

그리 멀지 않은 곳에서 신도시를 건설하기 위해 땅을 정지하는 부르도자 소리가 들려왔다.

흙의 아들

경수는 책을 정리해서 가방에 넣으며 시계를 쳐다보았다. 여섯 시 십 분 전, 아직 퇴근하려면 십 분이 남아 있다. 그때 교감 선생이 전화 왔다고 했다.

"여보세요. 전화 바꿨습니다."

"너 경수냐? 나 용호다."

"전화를 다 주고. 어쩐 일이야?"

"다 알면서 능청 부리지 마. 교문 앞, 전에 만났던 식당 있지, 그곳에서 기다릴게 빨리 나와."

용호는 경수 쪽의 대답도 들어보지 않고 수화기를 놓아 버렸다.

경수는 진학 주임에게 시선을 주면서 물었다.

"어떻게 되었어요?"

"예측한 대로 여섯 번 다 인분계 톱입니다."

"큰일 났군. 아버지가 식당에서 기다리고 있는데. 벌써, 한잔

한 것 같아."
"교무주임께서 잘 설득해 주세요."
진학 주임은 경수에게 골치 아픈 문제를 떼어 넘기려는 눈치였다.
"같이 나가지 그래요."
"아니, 아닙니다. 전 학부형들과 진학 상담 약속이 되어 있습니다."
"학기 초엔 같이 만나지 않았소?"
"누가 그런 부탁 하리라고 상상이나 한 줄 아세요?"
진학 주임은 경수를 원망하는 눈치였다.
"할 수 없군."
경수는 내키지 않았으나 고등학교 동창인 용호가 기다리고 있는 식당에 들어섰다. 예측한 대로 그는 갈비탕 국물을 앞에 놓고 소주를 마시고 있었다. 평생 농사일에 찌들어 경수보다는 대여섯 살은 더 늙어 보이는 용호는 원망스러운 눈으로 쳐다보았다.
"어떻게 되었어?"
"인문계 전체 수석이야."
"나쁜 자식, 그렇게 부탁했는데, 그걸 하나 처리 못 해?"
"그 애 성적으로는 전국 어느 대학도 갈 수 있어. 이건, 자네 개인 문제가 아니야. 모교의 명예가 걸려 있어."
"쓸데없는 소리 집어 치워!"
용호는 고함치며 경수의 물 컵에 소주를 부었다.

"인마, 선생이 학생 하나 설득 못한 데서야, 그게 말이 되는 이야기야?"

지난봄, 용호는 아주 양순한 얼굴을 하고 정수를 찾아왔다. 저녁이나 같이 하자고 해서 진학 주임과 셋이서 갈비탕 한 그릇씩 나눴는데, 그때 용호는 자기 막내아들에 대해서 이야기를 꺼냈다.

"그 애가 이번에 삼학년이지."

"그래, 그 일 때문에 왔어."

"고슴도치도 제 새끼는 예뻐한다고… 그래, 갈비탕 하나로 뇌물 쓰는 거야?"

"뇌물로 알고 먹어 줘. 내겐 이것도 뇌물과 마찬가지야."

"걱정 마 내가 낼게. 그리고 자네 막내는 모범생이야. 애가 얌전하고, 열심이야."

"그러니, 걱정이야. 내가 온 것은 그놈 공부시키지 말라고 부탁하고 싶어서야."

경수와 진학 주임은 자신의 귀를 의심했지만, 용호는 진지하게 자신의 막내를 공부 못하게 해달라고 부탁이었다. 그렇지만 교사로서 어떻게 공부하는 학생을 못하게 한단 말인가.

용호의 막내는 고3에 진학해서 한 번도 일등을 뺏기지 않았다. 그뿐 아니었다. 모의고사와 배치고사 성적도 인문계에서 으뜸이었다.

"땅 몇 평 팔면 되잖아? 남들은 성적이 안 나와 야단인데, 넌 지금, 괜한 시비를 하고 있어."

"뭐. 땅을 팔아 공부시켜? 넌 선생이란 놈이 학생에게 그런 교육을 했어? 인마, 조상들이 대대로 갈던 땅을 팔고 잘되는 놈 못 봤다."

"그렇게 소리를 지르지만. 좀 이성적으로 생각해 봐. 그 애의 성적이라면 장학금도 탈 수 있어. 그뿐 아니야 요즘은 아르바이트도 가능해."

"내가 지금 돈 때문에 이러는 줄 알아?"

"아니면?"

"아들 둘이 대학 갔어. 그뿐이야. 대학 가서는 다시 돌아오지 않았어."

경수는 그제야 용호가 막내를 대학에 보내지 않으려는 이유를 알았다.

"대학 간다고 농촌을 떠나지 않아. 그 앤 성미가 착해서 아버지 곁으로 돌아올 거야."

"첫째 놈도, 둘째 놈도 대학 졸업하고 시골로 와서 농사짓겠다고 했어. 근데, 그게 다 허사야. 그저 말뿐이야."

용호의 눈에는 이슬이 맺히기 시작했다.

"난 너희들처럼 대학을 나오지 못했어. 나라고 편한 일 하고 싶지 않은 줄 알아? 그렇지만 조상들이 대대로 갈던 밭과 논을 어떻게 하겠어? 난 조상들의 땅을 늘리지는 못했어. 그렇다고 줄이지도 않았어. 너희들이 부러웠지만, 가을의 곡식이 나를 위로 했어. 땅도 사랑하는 만큼 보답을 해 주었어. 아들 셋이 다 땅을 버리면 조상들이 나를 보고 뭐라고 하겠어? 난 땅 앞에 부끄러워, 땅속에 들어갈 수 없어."

용호는 아들을 대학에 가지 못하게 해달라고 계속 떼를 썼나.

호박씨

하회와 병산 답사길에 몇 년째 찾아보지 못한 권정생 형의 집에 들르기로 했다. 주부학생 이옥수가 따라 나섰다. 간고등어를 준비했다며 들어보였다. 두 손은 되는 것 같았다.

권정생 형은 안동 변두리 지평이라는 곳에서 사는데 그의 집은 그 마을에서도 후미진 동쪽에 나앉아 있다. 인적이 드물어서 그런지 길 가운데서 자란 무성한 잡초가 발에 밟혔다. 형은 언젠가 그 잡초들을 가리키며, "저거 우리나라 풀이 아인기라"고 했다. 서쪽을 향해 앉은 그의 집은 여섯 평이 될까? 오후의 햇볕이 뜨거워서 검은 그물 같은 발을 처마에 드리우고 있었다.

문을 열고 들어서니 한기가 엄습해 왔다. 형은 군인들의 작업복 같은 두터운 옷을 입고 반겼다. 옆에 같이 간 학생을 소개하기도 전에 버럭 소리를 질러대기 시작했다. 어린 사슴의 눈동자보다 더 맑고 선량한 형의 눈에도 절망의 빛이 어려 있었다.

"정의가 어디 있노. 힘이 정의지. 마, 그건 폭력인기라, 폭력…….”

형을 분노케 한 것은 아프가니스탄을 쑥대밭으로 만들고 있는 폭격기들이었다. 형과 우리 세대는 어려서 폭격기의 위력을 경험하고 날아다니는 파편 속에서 겨우 살아났다.

“힘이 있다고 저러면 안 되는 기라. 한 대 맞았다고 몇 배 더 때리면, 용서는 뭐꼬? 평화는 안 오는기라.”

나는 형의 격한 감정을 식히기 위해 옆의 학생을 소개했다.

“밥은 묵었나? 저기 식은 밥 있다. 찌개 같은 것 데우면 되니까 둘이 밥 묵어라.”

나는 식사 준비를 하려는 형을 자리에 앉히고 근황을 물었다.

“아픈 데는?”

“이렇게 오래 산다. 아까 문예창작학과라고 그랬제. 거서 뭘 배우노? 요즘 동화와 소설을 읽어보는데 문장이 와 그래? 단어는 또 어떻고. 개화기 소설들을 읽어봐. 채만식과 이무영의 문장 좀 보란 말이야.”

형은 학생을 의식해서 화제를 돌렸다.

“완택이 가가 그러데, 형과 만나서 오래 얘기하지 말라고. 삼십분 넘기면 형이 피곤해 한다고 했어.”

나는 기다리는 일행 때문에 형으로부터 도망치기 위해 민들레 교회 최완택 목사의 이름을 들먹거렸다.

“지는 몇 시간씩 사람을 못살게 하구선, 남보고 얼른 일어나라고 해…….” 형의 건강은 전보다 좋은 것 같았다.

젊은 날, 권정생 형을 찾았을 때, 그는 항상 외롭게 보였다.

가족과 제자들 속에 파묻혀 세월을 보내는 내 눈에는 형이 외롭다 못해 처량하게 보였다. 그래서 안쓰러운 마음으로 넌지시 결혼 이야기도 꺼내보고, 이사할 것을 권유하기도 했다. 그때마다 그는 고개를 저으며 커다란 바위같이 움직일 줄 몰랐다. 그는 우리들의 떠들썩함 속의 외로움을 보고 있는 것 같았다. 그래서 돌아앉아 우리들에게는 등을 보이고, 이 세상 모든 사람들이 미물로 취급하는 작은 것들과 속삭이며, 쿡쿡 웃으며 관계를 유지하고 있었다.

그는 자기 방을 찾아든 생쥐와 겨울을 함께 났다. 생쥐가 배고파하면 낟알을 주고, 추워하면 이부자락을 들쳐주었다. 그리고 그 생쥐와 나눈 긴 대화를 글로 쓰기도 했다. 새와 들풀과 벌레와 밤하늘의 별들과도 많은 이야기를 나눴으리라. 자신의 몸도 성치 못하면서 지체장애아와 한철을 보낸 사연을 들을 땐, 가슴이 아려오기도 했다.

"일본에 한번 가면 어떨까요? 동경에서 태어났으니, 가볼 만도 하잖아요? 비행기표랑, 숙식비는 걱정 말고요. 상 같은 거 드린다고 하던데……."

"뭘 자랑할 것 있다고……. 빌어먹지 못해 그 곳까지 가서 태어났는데……. 나, 그런 곳 안 간다."

형을 만나기 전에 이현주 목사와 전화해서 형을 꼬드겨 태어난 곳이라도 한번 돌아보게 하는 것이 도리가 아니겠느냐는 이야기를 한 터였다.

"외국이 싫으면 나라 안이라도 돌아봐야 되잖아요?"

"옛날에 걸어서 다 돌아 봤다."

"금강산은 어때요?"

"싱거운 소리 그만해라."

나는 형의 방에 더 앉아있지 못하고 일어섰다. 형을 찾은 것은 형을 위해서가 아니라 나를 위해서란 생각이 들었다. 수십년간 변치 않고 그 자리에 앉아서 세계 구석구석까지 꿰뚫어내보는 그의 앞에 서면 나 자신의 오염이 정화되는 느낌을 받는다.

"이젠 쉬세요. 나오지 말고."

"내가 죽어가는 사람이가, 가만있게."

그는 주섬주섬 겉옷의 단추를 끼며 우리를 따라 나왔다.

"나오지 말라는데……."

나는 뒤도 돌아보지 않고 큰길 가로 향해 뛰었다.

"내빼지 말고, 이거나 가아가라."

작은 집 텃밭에는 수수대가 엉켜있었다. 그의 모습은 보이지 않고 소리만 들렸다. 조금 있다 상체를 일으킨 그의 양손에는 커다란 호박이 두 개나 있었다. 나는 속으로 안도의 숨을 쉬었다. 저 크고 무거운 호박을 들 수 있다면, 형의 건강은 걱정하지 않아도 되는구나…….

"어서 가아가라."

"그걸 갖다 뭐하게요."

"죽 써 묵으면 좋다. 맛있다."

나는 호박을 가지고 일행이 있는 데로 갔다. 답사가 끝나고 헤어질 때, 주부 학생에게 하나 가져가라 하니 표정이 심드렁하다. 집이 교외니까 호박이 흔해서 그럴까.

권형이 준 호박은 우리 집 거실과 현관에서 한참을 보냈다. 귀한 것인데 그냥 죽 쑤어 먹기엔 아깝다는 생각이 들었다. 권형의 호박은 그렇게 우리 집에 오래 있었다. 그리고 호박에 대하여는 까마득히 잊어버렸다.

그게 벌써 1년 전의 이야기다. 주부 학생 이옥수는 대산문학상 아동문학부분에서 1천만 원 상금을 탔다.

감사주일 아침에 아내가 호박덩이를 안고 교회에 가면서 싱글거린다.

"금년처럼 수확이 좋으면 농사도 지어볼 만해요."

"무슨 농사를 지었는데……."

"호박 농사요. 사, 오십 개는 땄어요."

"그걸 다 어떻게 했어?"

"못 봤어요? 옆집 할머니, 아랫집 미국 아줌마, 구역 예배 보러 오는 식구들……. 산지기 아저씨도 몇 개 가져갔어요."

"거름이랑, 비료를 많이 준 모양이군."

"아니에요. 예년과 같았어요. 씨가 좋은 것인가 봐요."

"좋은 종자를 사온 모양이군."

"아시잖아요. 권정생 선생네 호박씨."

나는 그제야 작년에 권정생 형으로부터 얻어온 호박 두 개의 생각을 했다.

"하나는 죽 쑤어먹고 하나는 아까워서 그냥 두었는데, 그만 밑이 썩었어요. 그래서 썩은 데를 긁어내고 씨를 받아 심었더니 호박이 많이 달렸어요."

"내년 봄에 또 심어야겠네."

"내년엔 더 많이 달릴 거에요."

권정생 형의 호박은 우리 집에서 썩어 더 많은 열매를 맺었다. 그의 동화 '강아지 똥'이 민들레꽃을 피우는 장면을 연상하면서 형이 건강하기를 바랐다.

등산 동호인

우리들을 가리켜 학생들은 오 악당이라고 했다. 그것은 말도 안 되는 소리였다.

악당이라면 대개는 황야를 연상하고 그곳에 뛰어든 사람들의 허리에는 권총이, 그리고 장화에는 비수도 있어야 하는데 우리들 주위에는 황야도 없고 권총은 더더욱 있을 리 없는데 악당이라니 잘 모르고 하는 소리임이 분명했다.

우리는 우연히 한 학교에서 강의를 하다 만나게 되었는데 따지고 보면 키가 크지 않다는 점 빼고는 (한 사람은 그렇지 않다.) 공통점이 별로 없는 편이다. 그런데도 자주 만나게 되는데 애써 공통점을 찾아보면 전혀 없는 것도 아니다. 우리 다섯은 하나같이 여행이나 등산을 좋아한다고 하는데 나는 나를 제외한 넷은 여행을 좋아할 뿐 등산을 좋아하는 것은 아니지 않으냐고 이의를 제기한다. 그러면 그들은 등산도 자동차나 기차를 타고 가서 산에 오르니 같은 것이라고 우겨진다. 그러니 우리 다섯의 공통

된 취미는 여행과 등산의 중간지점에서 오락가락한다고 할 수 있다.

우리도 남들과 같이 출발지점에서 비장한 각오로 이번에는 정상에 오르겠다고 결심한다. 한라산, 설악산, 월악산에 오르겠다고 서울을 출발한다.

목적지 산자락에 도착하여 밤하늘의 별과 물소리와 바람 소리, 그리고 까마득히 먼 곳에서 들리는 까마귀 소리를 들으며 우리는 이야기꽃을 피운다. 텐트 속으로 산속의 찬 공기가 밀려들면 우리는 소주병을 까기 시작한다. 나이가 제일 많이 든 형이 한 말을 또 하면 우리들 보다 먼저 빈 소주병이 우리들 주위에서 자고 있다.

아침이 되어 눈을 떠보면 일어날 생각을 하는 사람은 아무도 없다. 결국, 산 정상에는 오르지도 못하고 중턱에서 어슬렁거리다 내려오기 마련이다.

고려대에 있는 정광(국어학), 김승옥(독문학), 덕성여대 이면영(체육), 소설가 김병총, 나 이렇게 다섯인데 학생들이 다섯 악당 중에 정광을 넣은 것은 도대체가 마음에 들지 않는다. 그는 스타일리스트인데다가 꼴샌님 같이 얌전한데 어떻게 악당 속에 포함시킬 수 있단 말인가. 그가 다섯 중의 하나가 된 것에 대하여 우리 넷은 자신의 색이 퇴색된 것같이 생각되어 내심 못마땅해하고 있다. 그렇다고 나머지 넷이 늙은 개구쟁인가 하면 나를 빼놓고는 그렇지도 못한 편이다.

우리는 전공도 각각이기 때문에 대화도 동서고금에서 횡설수

설 오르고 내리고 옆으로 왔다갔다하는 편이다. 그런데도 며칠 못 보면 안달들을 하고 서로 그리워한다.

언젠가 진주에서 지리산 중산리로 간 적이 있다. 그때도 목적지는 지리산 정상인 천왕봉이었다. 중산리에 도착한 것이 오전 11시. 버너와 코펠은 물론이고 쌀과 찌게거리도 내 배낭 속에 있었다. 천왕봉까지 당일치기를 해야 하니 걸음을 재촉할 수밖에 없었다.

먹을 것을 내 배낭 속에 넣었으니 배가 고프면 뛰어서라도 따라오겠지 하고 혼자서 계속 걸었다. 내 예측은 어긋나고 말았다. 그들은 나를 따라오다 법계사 로터리 산장에서 컵라면 한 그릇과 초코파이 몇 개를 사 먹고는 주저앉고 말았다. 나는 정상에 올랐다 땀을 흘리며 중산리 민박집에 도착해서 네 악당을 찾았으나 아무도 없었다. 중턱에서 놀다 내려오는 데도 정상에 오른 나보다 늦게 도착하고 말았다. 그리고는 나보고 인정머리 없이 혼자 먹을 것을 가지고 갔다고 화를 내었다.

나는 부부나 친구는 가치관이라든가 세계관은 달라도 시간을 비슷하게 활용하는 것이 더 중요하다고 생각하는 쪽이다. 나는 밤 열두 시 전에는 무슨 일이 있어도 자야 하는 사람이다. 농담으로 옆에 양귀비를 앉혀 놓아도 졸기 마련인데 김병총 형은 그때부터 눈이 총기를 발휘하며 초롱초롱 빛나고 있다. 피곤한 사람을 붙잡고 말을 거니 여간 신경이 곤두서는 일이 아니다. 그래서 다섯 중 둘이는 제일 많이 다투는 편이다.

그러면서도 계속 만날 수밖에 없는 것은 우리들 주위에 이렇게 이해관계도, 부담도, 허물도 없이 만날 수 있는 모임이 흔치 않기 때문이다.

나를 제외한 네 악당이 지난가을에 지리산을 종주했다고 뽐낸다. 나는 자동차를 타고 노고단까지 가지 않았으면 종주했을 리가 없다고 단언했다.

그들은 사진까지 보여 주면서 증명하려고 했다. 정상에 올라서는 얼마나 감격했는지 태극기까지 펼쳐 놓고 사진을 찍었는데 배경에는 천왕봉이라는 비석이 보이지 않았다. 사진 속의 배경은 하늘뿐이었다. 그래서 나는 남산에 올라가서 태극기를 펼쳐 놓고 사진 찍어도 이렇게 나온다고 일러 주었다. 어쨌거나 그들이 나를 빼놓고 지리산을 종주했다면 그것은 축하할 일이고 이제 오악당은 모름지기 등산 동호인이 된 셈이다.

배우를 찾습니다

연초에 대학에서 교편을 잡고 있는 연극 연출가가 전화를 했다. 옛날에 함께 연극한 여배우 이주실 씨와 저녁을 하자는 제의였다.

텔레비전이나 영화에 자주 얼굴을 내밀지 않는 이주실 씨는 내가 아주 좋아하는 연기자로 사람 됨됨이는 물론, 연기력 또한 만만치 않다.

간혹 학생들이 무엇이나 된 듯이 과장된 연기를 하는 모중견 연기자를 칭찬하거나 코맹맹이 소리를 내며 상품광고에 얼굴을 내밀며 대한민국의 연극은 저 혼자 하는 듯이 떠들고 다니는 여자 연기자를 부러워하면, 나는 그것이 연기의 정도는 아니라고 한다. 선생이 그렇다면 그런 줄 알지, 요즘 학생들은 고개를 까딱 쳐들고는 "왜 그런가?"고 따져 묻는다. 그러면 나는 할 말을 잊는다. 고대 그리스 시대부터 영국 엘리자베스 시대를 거쳐 현대에 이르기까지의 그 다양한 연기론을 어떻게 그 학생들에게

다 설명한단 말인가? 그래서 내 나름대로 비교 연기론을 제시해 보았다.

"너 각 텔레비전의 서울 아나운서와 지방 아나운서들의 차이점이 무엇인지 알아?"

눈을 껌벅거리던 학생들은 곧 대답을 한다.

"지방 방송국 아나운서들은 문화적 표현을 많이 써요."

"그뿐 아녜요. 더 예쁘게 말하려고 노력해요."

"남북의 창에 나오는 이북 아나운서는?"

"언젠가 아침에 텔레비전에서 50년대 대한 뉴스를 봤는데 거기 나오는 아나운서의 어조와 이북 방송의 그것과 비슷해요."

"내가 보기에는 너희들이 칭찬하고 부러워하는 아줌마들은 어떻게 보면, 이북 아나운서보다는 수준이 높다고 할까, 아무튼 여러 가지 면에서 비교가 된다고 할 수 있어. 연기란 허한 데가 있어야 해."

그런데 나와 저녁 식사를 하기로 한 이주실 씨는 텔레비전 연속극에 나와도 돋보이지 않는다. 하기야 처음부터 텔레비전에 어울리지 않는 용모를 지리고 있다고 볼 수도 있다. 일반적으로 생각하기에는 텔레비전 여자 연기자 하면, 아주 아름답게 생기거나 그 반대로 개성이 강해야 한다고 하는데 이주실 씨는 아름답다고 하기에는 허전한 데가 있고 못생겼다고 하기에는 섭섭잖게 아름답기 때문이다.

텔레비전 주말연속극 '아들과 딸'에서 건축 현장 밥집 아줌마로 몇 회 얼굴을 비쳤는데 그곳에서도 부뚜막은 혼자 지키지 않았나 하는 생각이 들었다.

'아들과 딸'은 플롯에서 약간의 허점이 보이고 시대와 사건이 일치하지 않은 점이 있기도 해도 화면이 회화적 짜임새로 연결이 되고 희화화된 중견 연기자들의 연기로 시정과 오락을 동시에 주는 작품이라고 할 수 있다. 그러니 오락 쪽은 주로 중견 연기자들이 하는 편이고 시정 쪽은 젊은 연기자들의 주위에서 맴도는데, 후남 역의 김희애라는 여자 배우가 위태롭게 청승을 떨 때는 연기가 과장될까 맘 조이기도 했지만 그녀의 절제된 연기가 작품을 한층 돋보이게 하고 있다.

우리는 저녁을 먹으면서 연극 이야기를 했다. 옛날에 작품을 쓴 작가와 그것을 연출한 연출가, 그리고 여자 주인공이 만났으니 어찌 이야기가 많지 않으랴. 저녁을 먹고 찻집에 가서 '아들과 딸'의 이야기가 나왔다.

"희화화된 중견 탤런트들 속에서 돋보이지도 않는 역을 맡아 연기를 해야 하느냐?"고 연출가가 물었다.

"그래도 저는 만족해요."

나는 속으로 출연료 때문이 아닐까 하고 생각해 보았다.

"나는 그 좁은 틈새에서도 내 연기를 했어요."

"어떤 일을 했는데요?" 연출가가 또 물었다.

방송은 영향력이 크기 때문에 이주실 씨는 굉장히 신경을 많이 쓰며 연기를 한다고 했다.

건축 현장 밥집에는 이주실 씨의 아들 친구가 있는데 이 젊은이가 후남이 김희애를 좋아하는데, 하루는 후남이가 집에 혼자 있는 것을 알고 찾아 들어가 겁탈하려고 한다.

밥집 아줌마는 그 현장을 목격하고 뜯어말려서 후남이를 보호하고 젊은 일꾼을 파렴치한으로 몰면 그뿐이다. 그게 원작이고 연기자는 원작대로 하면 그뿐이다. 그런데 이주실 씨는 그렇게 할 수는 없다고 연출에게 말했다.

한 젊은이가 순간의 충동으로 파렴치한이 되는 것은 우리의 현실인 것은 사실이다. 보호를 받아야 할 후남이도 중요하지만 동시에 겁탈하려던 젊은이도 우리의 아들이기 때문에 그냥 버려서는 안 된다는 것이 그녀의 지론이었다.

"그래서 어떻게 했어요?" 그 회분을 보지 못한 내가 물었다.

"둘을 떼 놓고 겁탈하려던 젊은이를 붙잡고 울었어요. 이 사회의 모든 어머니들도 그래 줬으면 하는 마음에서 그랬어요. 연출이 고마웠어요. 제 의견을 들어줬어요."

적을 끌어안고 우는 자세가 필요한 시대에 이주실 씨의 이야긴 잔잔한 감동을 안겨 주고 있었다.

커피 삽화

신문사 논설위원으로 일하고 있는 이형은 찻집에 들르면 항상 블랙커피를 마신다. 어려서부터 커피에 인이 박였을 리도 없고 그렇다고 외국 생활을 오래 한 것도 아닌 이형이 블랙커피를 마시는 이유를 물었더니 사연이 기막히다.

부산 피난 시절 열 살 미만인 어린이들은 그런대로 제 앞길만 가리면 되었지만 열두 살 이상 된 어린이들에게는 각기 가족을 도와야 할 책임이 주어졌다.

구두 닦기, 신문팔이, 담배장사, 엿 장사 등이 그들 직업의 주종이었는데, 이형은 그때 씨레이션 장사를 했다.

아침 일찍 일어나 미군 부대 근처에 가서 씨레이션을 받아다 시장이나 역전 근처에 가서 파는 일이었다. 아침 일찍 일어나 씨레이션을 받아야 하니까 조반은 굶을 수밖에 없었다. 씨레이션은 정오가 다 되어야 팔리니 소년의 아침 식사는 자연히 늦은 점심시간이 되어서야 가능했다.

씨레이션 속에는 담배, 과자, 사탕, 우유, 설탕 등 온갖 것이 다 있었는데, 그런 것들을 찾는 사람들의 기호에 따라 그런대로 잘 팔리는 편이었다. 그런데 씨레이션 잡다한 물건 중에 팔리지 않는 봉투가 하나 있었다.

그 봉투를 뜯어보면, 그곳에서는 갈색 분말이 쏟아져 나오는데 맛을 보면 쓰기만하기 때문에 아무도 사려고 하지 않았다. 소년은 팔리지 않는 그 봉투를 길거리에 던져 버리거나 집으로 갖고 와 방구석에 처박아 두었다. 그날도 소년은 물건을 다 팔고 타박타박 걸어서 집으로 향하는데 너무 배가 고파 기찻길 건널목에 앉아 쉬었다.

건널목 간수실 옆에는 수도가 있었다. 소년은 수도꼭지를 틀어 빈속을 물로 채웠다. 그때 나는 생각이 있었다. 주머니에 있는 갈색 분말이 독약은 아닐 것이다. 독약을 어떻게 먹는 음식 속에 넣는단 말인가. 쓰기는 해도, 해로운 음식이 아니라면 먹어서 나쁘지 않을 것이 아닌가. 그래서 소년은 갈색 분말 가루를 입속에 털어 넣고 물을 마셨다. 뱃속이 편치는 않았으나 허기는 가시는 것 같았다.

그날 이후 소년은 매일 그 시간에 건널목에서 갈색 분말 가루를 입에 털어 넣고 물을 마셨다.

신문사 이형은 그렇게 커피를 입에 털어 넣으며 부산 피난 시절의 허기를 견디어 내었다.

충주댁은 미국에 이민 갔다 잠시 다니러 온 아들이 몹시 자랑스러웠다. 그래서 돼지도 잡고 떡도 해서 동네잔치를 했다. 아들은 충주댁이 한 번도 입어 보지도, 먹어 보지도 못한 선물을 잔뜩 가져왔다. 그런데 아들은 어머니는 물론 동네 사람들에게도 권하지 않고 자기 혼자만 마시는 것이 있었다. 아들은 물을 끓여 조그만 찻잔 속에 붓고 커다란 유리 항아리 속의 갈색 분말을 두어 숟갈 쏟아 놓고는 우유와 설탕을 그 위에 얹어서 홀짝거리며 마셨다.

충주댁은 그런 아들이 야속했지만 그것이 그렇게 귀하고 구하기 힘든 것이라면 아들을 위해 그 정도는 양보할 수도 있다고 마음을 넓게 가지기로 했다. 아들은 집에 손님들이 없을 때 자기 머리맡에 놓아두었던 그 분말가루를 찻잔에 쏟아 넣고는 몰래 마셨다.

미국으로 떠나던 날 아들은 그 갈색 분말 가루 항아리를 잡다한 선물로 가득한 가방 속에 넣으려고 애쓰다 그것이 불가능함을 안 후에 아쉬운 듯 충주댁 앞에 내밀었다.

"어머니, 이건 어머니가 마시면 안 돼요. 서울에서 손님이 오면 그때 꺼내서 한 잔씩 대접하세요."

"알았다. 그렇게 하마."

대답은 했지만 충주댁은 아들의 말을 듣지 않았다. 서울에서 오는 귀한 손님에게만 대접할 수 있는 귀한 음료수라면, 왜 우리 같은 시골 사람들은 마셔서는 안 된단 말인가.

충주댁은 아들이 탄 차가 동구 밖으로 빠져나가자마자 아궁이에 불을 지피고 가마의 물을 끓였다. 그리고 아들이 주고 간 유리 항아리 속의 갈색 가루를 가마에 다 쏟아 부었다. 물론 크림과 설탕도 넣었다. 그리고 동네 사람들을 보고 주전가를 갖고 오라고 해서 한 바가지씩 나눠 수었다.

"우리 아들이 아무도 안 주고 자기만 마시는 숭늉을 마셔 보라"고 커피 잔치를 베풀었다. 그날 밤 그 동네 사람들은 아무도 자지 못했다.

지난 초여름 버스도 드나들지 않는 강원도 산골에서 사람들이 논김을 매다 새참을 들고 있는 곳을 지나게 되었다. 막걸리라도 한 잔 얻어 마시려고 기웃거리는데 연장자인 듯한 사람이 먼저 말을 건넸다.

"커피라도 한 잔하고 가세요." 논두렁 옆에는 오토바이가 서 있고 다방에서 차 나르는 여인이 마호병의 커피를 농부들의 찻잔에 붓고 있었다.

매해 연초마다 다형 김현승 선생댁에 세배가면 선생은 마른 손으로 커피를 한 잔씩 타줄 뿐이었다.

"뭐 이것밖에 마실 것이 없어요?"라고 은근히 술이라도 나오길 기다리면 "니들 혀는 잡것에 때 묻어 녹차는 어울리지 않어"라고 하셨다.

지난주 두륜산 대흥사의 일지암에 앉아 설록차를 마시며 잡것들에 오염이 된 혀를 씻었다.

태극기 휘날리며

'아름다운 여성'에 대하여 생각하게 된 것은 사춘기 때인 것 같다. 그 때 이 세상에서 제일 아름다운 여인은 영화배우였는데, 스크린 속의 배우는 우리의 전 존재를 흔들어 놓았다.

최은희 아줌마는 크고 버겁고, 우리 한국 남성들의 마음을 사로잡는 배우는 자그마하고 아담한 조미령 아줌마였다. 조미령 아줌마는 키가 1미터 50센티 될까 말까 하고, 가슴은 크지 않고 허리는 잘록하고 히프는 큰 편이었다. 무엇보다 눈과 코와 입이 조막 조막하게 작아서 만만한 편이었다. 그 때 총천연색 시네마스코프 영화 '춘향전'의 주인공으로 조미령 아줌마가 캐스팅된 것만 보아도 그녀의 인기를 가늠할 수가 있다.

그런 우리들의 미의식에 혼란을 가져오기 시작한 것은 서양영화의 영향이었다. 주로 미군부대에서 상영하기 시작한 서양영화 속의 여인들은 발과 키, 그리고 입과 눈이 보통 큰 것이 아니었다. 마를린 먼로, 젠 러셀, 수잔 헤이워드, 소피아 로렌에 이르면 입이 다물어지지 않을 정도로 커 할말을 잊게 했다. 자연히 우리의 관심은 서양여인들에게로 쏠리고, 우리나라 여배우들은 꾀죄죄하게 느껴졌다. 그것으로 끝났으면 그림의 떡 보듯 서양영화를 보면 그뿐인데, 그게 아니었다. 그들이 입는 옷, 사는 집, 먹는 음식, 타는 차, 만들어 놓은 도시 등은 다 훌륭해 보이고, 우리의 전통적인 가옥이나 음식 등의 문화는 보잘것없고, 초라하게만 느껴졌다. 그렇게 가난하고 슬픈 우리의 젊은 날에 그는 화려한 우상으로 우리 앞에 다가섰다. 캐나다에 유학 가서 학위를 받고 눈이 파랗고 키가 늘씬한 서양 여인을 아내로 맞고 그곳 대학에서 강의까지 하고 있다는 그의 몸짓과 어투, 그리고 여유 있는 태도는 그의 앞에 쭈그리고 앉아 있는 우리를 상대적으로 초라하게 만들었다.

그는 옥스퍼드에서 실험을 하고, 파리에서 특강을 하고 방콕에서 휴가를 즐겼다. 그는 들리는 나라와 도시마다 화제의 인물이 되고, 파티의 주빈으로 대접을 받았다.

그는 코리아가 어디 있는지 모르는 사람들에게 한국의 존재를 알리고, 한국인들의 긍지를 높였다. 그는 올림픽 마라톤에서 조국의 국기를 가슴에 달고 1등으로 골인하는 선수같이 의기양양하게 세계 각국을 누비고 다녔다.

먼 옛날 일이었다. 우리들 중 누구도 그분의 그 후의 소식을 전해준 사람이 없고, 우리도 제 살 일이 급해서 그분에 대하여 관심을 가질 여유가 없었다. 우리는 그분이 여전히 태극기 휘날리며 세계 각국에서 한국의 위상을 높이리라 상상했다.

그런 그가 이십여 년이 지난 다음에 귀국하여 우리를 찾으리라고는 아무도 상상하지 못했다. 우리는 그가 학위를 딸 때의 걸음걸이로 계속 발전했으며 지금쯤 노벨상 후보 명단에 오르내리려니 했는데, 한국에 그것도 별로 보잘것없는 우리들을 찾고 있다니 놀라지 않을 수 없었다.

“캐나다에 계신 강 박사님이 너를 보고 싶데.”

“쓸데없는 소리, 그분이 나를 기억할 리가 없잖아? 넌, 인마! 유학이라도 가려고 그분이 교환교수로 와 있는 동안 부지런히 드나들었으니까 알겠지만, 난 아니야.”

시환이가 강 교수가 내한하여 우리들, 특히 나를 찾는다는 전화를 받았을 때, 나는 그놈이 꾸며낸 이야기려니 했다. 그도 그럴 것이, 난 강 교수의 강의 시간에 서너 번밖에 들어간 적이 없었기 때문이었다.

“한국 사람과 살고 있는 서양 여자의 심정은 어떨까?” 라는 것이 내 의문의 초점이었다. 그로부터 이십여 년이 지났는데, 강 교수가 귀국하여 나를 찾는다는 것은 시환이 놈의 조작이 분명한 것 같았다. 그러나 그것이 조작이라고 해도 내가 강 교수를 만나서는 안 된다는 이유가 되지 못했음으로 나는 약속 장소인 한식집으로 나갔다. 시환이를 비롯한 동기놈 몇이 웬 노인과 함께 식탁 주위에 앉아 있었다.

“선생님, 이 친구가 바로 그놈입니다.”

“그래? 자네가 날 보고 서양 여자와 사는데 불편이 없느냐고 물었지? 내, 그 대답하러 이렇게 왔네.”

나는 식탁 한쪽에 척추를 뽑아버린 허수아비같이 허물어진 노인이 강 교수라고는 상상하지도 못했다. 자세히 살펴보니 그 노인은 이십여 년 전에 우리 앞에 우뚝 섰던 강 교수가 맞았다. 입 언저리와 눈매는 옛날 모습을 그대로 담고 있었다.

소주를 몇 잔 마시고 나서 강 교수가 털어 놓은 서양 여자와의 생활은 기가 막혔다. 캐나다 북쪽은 우리나라와 기후도 다르고 토질도 같지 않기 때문에 우리나라 배추 같은 것은 구할 수가 없다. 그래서 나이가 차서 그곳에 가서 사는 한국 사람들은 양배추를 사서 김치를 담그는데, 그것은 어디까지나 '김치 비슷한 것' 이지 '김치' 는 아니었다. 경제적 여유가 없는 사람들은 그 김치 비슷한 것을 김치로 알고 먹고 사는데, 시간과 경제적 여유가 있는 사람들은 외국에서 수입한 우리나라 배추와 같은 것으로 김치를 만들어 먹어 강 교수는 당연히 후자에 속했다.

강 교수의 소피아 로렌을 닮은 아내는 신혼 초에는 김치 냄새가 고약하다고 코를 막았지만 맛을 들이고 나서는 강 교수보다 김치를 더 좋아하게 되었다. 처음 몇 번은 그런 아내가 고맙고 신기하기도 해서 강 교수는 김치를 열심히 담가서 아내에게 먹였다. 그러나 시간이 지나면서 강 교수는 김치 담그는 일에 싫증을 느끼기 시작했다. 한국에서라면 김치는 분명히 여자가 담그는데, 남자가 앞치마를 두르고 이게 무슨 꼴이냐는 생각이 들었다. 그뿐이 아니었다. 고기보다 야채 값이 비싼 나라에서 수입산 배추와 양념으로 김치를 담근다는 것은 경제적 손실도 컸다. 그런데도 강 교수의 서양 부인은 김치를 담그라고 안달을 하고 만들어 놓으면 눈 깜짝할 사이에 먹어 버렸다.

강 교수는 아내가 김치를 먹는 모습을 자세히 관찰해 보았다. 한국 사람들에게 있어서 김치는 어디까지나 밥반찬이다.

밥 한 그릇에 김치 몇 쪽이면 족한데, 강 교수의 아내는 김치 한 그릇을 다 비운 다음에 밥이나 고기를 먹었다. 강 교수의 서양 아내는 김치를 야채 샐러드로 알고 먹고 있었다. 그러니 김장 김치를 할 형편도 아닌 나라에서 어떻게 그 양을 감당하란 말인가?

강 교수의 아내는 발효된 김치보다는 겉절이를 더 좋아했다. 강 교수는 그래서 "맛도 모르면서 처먹는다"고 속으로 웅얼거렸는데, 하루는 그만 식탁에서 그 말을 입 밖으로 뱉고 말았다. 그것이 화근이었다. 음식을 가지고 사람을 모욕하는 일은 있을 수 없다는 것이 서양 여인의 변이었고, 강 교수는 그렇게 정색을 하고 덤벼드는 여인에게 정이 떨어져 김치를 담그지 않았다.

서양 여인이 화해를 청하며 김치를 담그라해도 강 교수는 김치를 만들지 않았다. 자연히 싸움이 잦아지고, 강 교수의 입에서는 이제껏 잊고 있었던 우리말 욕이 자주 튀어 나왔다.

강 교수는 담배 연기를 길게 내 뿜으면서 말을 계속했다.

"거참 이상하단 말이야. 난 한국에서 대가족 속에서 노인들과 살았기 때문에, 그런 욕을 한 적이 없었어. 물론 듣기는 했어. 언어라는 것은 참 묘한 데가 있어. 그런데도, 내 입에서 그런 욕이 거침없이 나왔으니……."

참다못해 나는 그것이 어떤 욕이었느냐고 물었다.

"용서해 주게, 이런 욕이야. '씨팔년, 죽여 버리겠어' 라는 거야."

"에이 선생님도, 우린 그런 말 매일 하고 살아요."

"그러니 자네들은 아니야, 한국 남성들은 행복한 거야. 암 행복하고 말고지."

강 교수는 아내와 이혼하는 캐나다 법정에서, 아내를 창녀로 취급한 죄, 살인미수 죄 등을 뒤집어쓰고 알거지가 되었다.

대한민국 남성들이여, 한국 여인을 사랑하고, 한국 여인을 아내로 맞이한 것을 최대 행복으로 알고 살아라.

그날 밤, 강 교수가 우리에게 한 마지막 말이었다.

아침과 초코파이

그 친구를 만나는 것까지는 좋았다. 그리고 조용히 헤어졌으면 이 콩트는 일 회로 끝날 수 있었을 것이다. 그런데 나는 그 친구와 설악산을 같이 가기로 약속해 버렸다. 그래서 그 친구와의 사연은 더 길어져 이야기를 두 회까지 끌게 되었다. 결코 재미있지도 않은 이야기를.

녀석을 서울 청계천 5가에서 만난 것은 고등학교를 졸업하고 20여 년이 훨씬 지난 후였다. 건널목을 건너는데, 옆에서 승용차 클랙슨 소리가 들렸다. 나는 속으로 빨리 가라는 소리겠거니 하고 바쁘게 발걸음을 옮기는데 승용차에서는 또 클랙슨을 눌러 대었다. 젠장 왕년에 자가용 안 타 본 놈 있나, 하면서 나는 심술이 나 오히려 걸음걸이를 늦추었다. 그랬더니 자가용 뒷문이 열리고 대머리가 다된 중늙은이가 아스팔트에 한 발을 내 디디고는

"야, 인마! 너 이리 좀 와봐." 하는 것이 아닌가.

주위를 둘러보니 그 중늙은이로부터 '야, 인마' 라고 호칭을 받을 만한 사람은 하나도 없었다. 처음부터 건널목을 건너넌 사람이라고는 여자 몇 명과 나뿐이었으니까. 길 가운데 어정쩡하게 서 있는 나에게 중늙은이는 또 소리를 질렀다.

"이리 빨리 오지 못해! 너, 꼬마 맞지."

그러고 보니 그 중늙은이는 어디서 많이 본 얼굴이었다. 나는 곧 그의 얼굴을 기억해 냈다.

"벼엉신, 너 덩치지."

"그래, 빨리 타!"

나는 녀석의 덕으로 이 세상에 나서 처음으로 슈퍼살롱이라는 차를 타고 룸살롱이라는 데로 갔다.

나는 고등학교 동창인 녀석이 세상을 나처럼 고생하면서 살리라고는 평소에도 생각하지 않았다. 결코, 가까운 사이는 아니었지만, 녀석과의 특별한 인연으로 이 사회라는 옷은 그놈에게 어울리는 옷이지 결코 내게는 어울리지 않는다고 떠올린 때가 있었다.

룸살롱에 술이 들어오고 그와 내 옆에 야들야들한 여인이 한 명씩 앉았다. 여자들을 보자마자 녀석은 생기가 도는지 기고만장이 되기 시작했다.

"그동안 어디 있었어. 뭐하고 지냈어?"

"짜식, 보아하니 고생이 여전하구나. 뭐하고 지냈어?"

그는 처음부터 내 대답을 들으려고 질문하는 것이 아닌 것 같았다. 그렇지만 난 그의 입을 막기 위해 말을 했다.

"아침을 찾느라고, 운동을 했어."

"아침?"

녀석은 움찔 놀라는 표정이었다.

"운동이라, 거 좋지. 이봐, 미스 나. 이 친구에게 물어봐, 내 지난번에 고등학교 때 럭비 선수였다니까, 거짓말이라고 했지? 이 친구에게 물어봐."

녀석이 럭비 선수였던 것은 사실이었다. 남들보다 운동신경이 뛰어난 것도 아니고, 그렇다고 인내심이나 투지력이 강한 것도 아닌데, 녀석은 럭비부의 주장까지 맡아 했다. 그것은 놈이 남들보다 덩치가 크고 어머니의 로비 활동이 심했기 때문이었다. 그런 사정을 누구보다도 잘 아는 나로서는, 남들처럼 녀석을 선망의 눈으로 바라볼 수만은 없었다.

그렇다고 비교적 키가 작은 측에 속하는 내가 럭비부에 찾아가서 녀석이 형편없는 겁쟁이라고 꼬여 바칠 처지도 아니었다. 어쩌다 이웃 여학교 학생들이 교회에서 녀석을 칭찬하는 소리를 들어보면, 녀석은 완전히 영웅이 되어 있었다. 그는 여학생들 사이에서 '점잖은 신사'로 통했다.

"야, 인마. 말을 좀 해!"

"정말 말을 해? 다할까? 국민학교 때 것부터."

"그건 빼."

나는 녀석이 빼라는 이야기를 빼놓고 미스 나에게 그의 운동선수 시절의 영웅적 행동에 대하여 이야기해 주었다.

그가 빼놓으라는 이야기는 이렇다.

녀석은 국민학교 때도 어머니의 로비 활동과 덩치 덕으로 반장이었다. 나는 으스대는 녀석의 꼴이 볼썽사나워서 혼내 주기로 결심하고 계략을 꾸몄다. 체육 시간에 배가 아프다고 거짓말을 하고 당번을 서서 녀석의 도시락을 까먹었다. 그리고 빈 도시락통에 등굣길 뽕나무 밑에서 잡은 뱀을 그 속에 넣어 두었다. 그런데 녀석은 덩칫값도 못하고 그만 도시락 속에 있는 뱀을 보고 오줌을 싸며 기절해 버렸다. 녀석은 죽은 뱀을 보고 기절하는 놈이었다.

덕택에 나는 선생님으로부터 고민에 가까운 기합을 받았다.

나는 여자들에게 그 이야기는 하지 않았다. 그랬더니 녀석은 잘난 듯이 기승을 부리기 시작했다.

나는 화제를 돌리려고 등산 이야기를 했더니, 녀석은 한 수 더 뜨고 있었다.

"산, 하면 나지. 요세미데, 몽블랑, 융프라우, 안 가본 데가 없어."

그래서 난 설악산 이야기를 하게 됐고, 끝내 식목일에 같이 동행하기로 약속했다.

지리산이 언제나 넓게 팔을 벌려 우리를 품어 주는 어머니의 산이라면 설악은 당당하게 서서 항상 나의 옳지 못함을 꾸짖는 형님 산이라고 할 수 있다. 그런 설악을 넘어야 해서 녀석과 나는 계약을 단단히 맺었다.

설악산 왕복 교통편, 버너, 비상식량은 녀석의 몫이었다. 그리고 내가 담당한 것은 코펠, 일상식량, 침낭 두 개였다. 그리고 산에서 두 밤을 자는데 리더는 내가 맡은 대신, 코스는 의논하기로 했다. 대신 한 번 정한 코스는 변경하지 않기로 했다. 나는 그에게 두 가지 코스를 제시했다.

첫 번째는 용대리–백담사–수렴동 대피소–봉정암–희운각 산장–청봉–화채봉–권금성–설악동.

두 번째는 용대리–백담사–수렴동–오세암–마등령–공룡능선–희운각–대청–화채봉–권금성–설악동.

친구는 어느 코스가 더 힘든가하고 물었다. 두 번째 코스라니까 가는 그쪽으로 가자고 했다.

오후 세시에 용대리에서 내린 우리는 기사에게 이틀 후 설악동에서 만나자고 약속하고 배낭을 메고 걷기 시작했다.

그의 모자와 배낭 그리고 신발 등은 외제인데도 반짝거리지 않고 적당히 낡아서 산 사나이들의 그것처럼 세련되게 보였다. 나보다 앞서 가던 그가 질척대기 시작한 것은 백담사를 지나서부터였다. 평지 십여 킬로를 겨우 걸었는데, 그는 배고프다고 비상식량을 꺼내 먹자고 했다. 나는 비상식량은 손에 대지 말자고 하고는 배낭 옆 주머니에서 오이를 한 개 꺼내 주었다.

첫 밤을 오세암에서 자기로 했으니까 부지런히 걸어야 할 판이었다.

"오세암 멀었어?"

오이를 우적우적 입에 구겨 넣으면서 그가 내게 물었다.

"아직 두어 시간은 착실히 걸어야 해."

"뭐, 두 시간?"

"그래 두 시간은 걸어야 해."

"난 더 이상 못 가."

그는 땅에 앉아서 뭉기적거리며 일어날 생각을 안 했다.

해는 지고 사위는 어두워 오는데, 텐트 준비도 안 했으니 난감해질 수밖에 없었다.

"조금만 더 가면 영실암터가 있어. 어서 일어나."

영실암터에 이르니 벌써 밤이었다. 나는 친구의 시비아버너에 불을 붙이려고 했다. 그러나 버너는 고장이었다.

"이거 고장 난 버너잖아? 집에서 사용해 봤어?"

"괜찮았는데… 딸년이 MT에 갔다 온 후로는…"

그는 고장 난 버너를 가지고 왔다. 나는 하는 수 없이 이웃의 불은 빌려 저녁밥을 지었다.

이튿날 마등령에서 나는 그에게 버너가 없으니 비상식량으로 점심을 때우자고 했다. 그는 군소리 않고 배낭을 뒤져서 내 앞에 상자 하나를 내밀었다.

"비상식량이야."

"아니 이건 초코파이잖아?"

"그래 배고플 땐 제일이야."

"야, 이 새끼야. 조선 놈이 초코파이로 배 불리는 것 봤어?"

그러나 할 수 없는 일이었다. 가진 거라고는 그것밖에 없었으니까. 우리는 초코파이를 씹으며 공룡능선을 넘어야 했다.

희운각에서 라면으로 허기를 메운 우리는 청봉으로 향했다.

대청까지는 한 시간 거리가 남았는데, 녀석은 도저히 걸을 수 없다고 엄살이었다. 발목 심줄이 늘어났다는 것이다. 각자 헤어지자고 했더니 그럴 수는 없다고 했다.

"너 이 새끼 죽은 뱀을 보고 오줌 싸며 기절한 주제에 잘난 체하며 살았지? 영웅? 새끼, 영웅 좋아하네. 영웅이라고 사기 쳐서 예배당에서 제일 예쁜 년 꼬셔서 결혼했지. 나쁜 자식, 그 계집애하고 넌 초코파이만 먹고 사니? 초코파이? 너 이 새끼, 난 네가 럭비 시합 때, 상대 문전에 대쉬해 들어가면서 지르는 소리가 겁이 나서 지르는 괴성이라는 것 다 알았어. 그런 네가 어떻게 해서 영웅이니, 영웅? 종업원들의 돈이나 떼어먹는 속물이지!"

녀석은 내 말에 화가 나서 우는 것이 아니라 대청에 오르는 것이 힘이 들어 큰 눈에서 눈물을 떨어뜨렸다.

산장은 이미 만원이었다. 산장지기는 배낭을 빼앗고 사람만 산장에 들어가 고등어자반 같이 포개 있으라고 했다. 나는 산장 안으로 겨우 비집고 들어가 몸을 비틀며 녀석이 들어올 자리를 마련했다. 그러나 녀석은 보이지 않았다. 한참을 그렇게 있는데, 산장 안에 소문이 돌기 시작했다. 강원도지사가 시찰 나왔다가 산장에서 잔다는 소식이었다. 그 소리를 듣고 나는 그만 잠이 들고 말았다.

추워서 깨고 보니, 동쪽이 밝아오고 있었다. 나는 대청봉 정상에서 동쪽을 바라보았다. 수평선이 붉어 오더니 커다란 용광로의 쇳덩어리가 바다 위에 올라앉았다. 그 쇳덩이는 태양이 되더니 금방 세상을 밝히기 시작했다.

"아침이다. 아침!"

나는 친구의 이름을 부르며 아침을 보라고 소리를 질렀나. 그러나 친구는 대답이 없었다. 산장 옆 관리인의 독방에서 어떤 사람이 편하게 자고 있었다.

"저게 누구에요?"

"도지사님입니다."

자는 사람을 자세히 보니, 그건 분명히 도지사가 아닌 내 친구였다.

"야, 인마. 일어나 아침을 봐. 아침을…"

"아침이고 지랄이고 사람 깨우지 마. 편하면 그만이지. 아침은 무슨 아침이야. 여기서 한잠 자. 아침 식사도 산장지기에게 부탁해 놨어."

"이거나 처먹고 자."

나는 그의 입에다 먹다 남은 초코파이를 밀어 넣고는 배낭을 끼고 아침을 향해 걷기 시작했다.

두두와 또또

개를 키우니까 나를 보고 애견가가 아닌가 하고 물어보는 사람들이 많다. 고백하지만, 개를 좋아하는 것은 사실이지만 애견가는 되지 못한다. 내가 개를 좋아한다는 표현은 애견가로서 개를 사랑한다는 뜻 말고도 전혀 반대되는 의미도 포함되어 있기 때문이다. 나도 우리 조상들이 오천 년 역사 중 꽤 궁핍했던 시절을 보신탕 하나로 몽고족들과 일본 사람들의 시달림에서 살아남았듯이 가난했던 어린 시절에 그것으로 생기를 찾은 경험이 있고 지금도 그것을 즐기기 때문이다.

그럼에도 나는 우리 집에서 키우는 청삽살이 두두와 그녀의 아들인 황소와 또또를 매우 사랑한다.

또또는 이제 태어난 지 3개월밖에 되지 않았는데, 제 어미를 닮지 않고 오히려 제 형을 닮았다고 할 수 있다.

제 형이 그 나이가 되었을 때의 표정은 매우 순진하고 눈망울이 다감했는데 또또의 얼굴은 영리하고 눈망울은 파리하게 빛나고 있어, 개라고 하기보다는 사슴에 가깝다고 할 수 있다.

두두의 음성이 날카롭고 신경질적이라면 황소의 그것은 서음이고, 또또는 몸에 비해 크고 영롱하기 때문에 세 놈이 한꺼번에 짖을 때는 자연스럽게 화음을 이뤄 듣기가 좋았다. 다만, 손이 둘이라서 한꺼번에 셋을 다 예쁘다고 만져 줄 수 없는 것이 탈이지만 또또는 아직 어리니까 겨드랑이에 끼고 다른 두 놈은 두 손으로 어루만져주면 되니까 그것도 큰 문제는 되지 않았다.

그런 또또를 잃어버렸다. 매우 섭섭했지만, 개가 예쁘니까 등산객이 가져가서 잘 키우겠거니 생각하고 애써 위안을 삼으려고 했다.

그런데 그게 아니었다. 또또는 집 나간 지 삼 일 만에 흙투성이가 되어 돌아왔다. 왼쪽 뒷다리는 쓰지도 못하고 초주검 상태로 집으로 돌아온 또또는 머리를 들지 못할 뿐 아니라 가벼운 꼬리도 흔들지 못하고 가엾은 눈망울로 집 식구들만 구별할 뿐이었다. 나는 아내에게 포대기를 가져오라고 했다.

"포대기가 어디 있어요?"

"그럼, 타올이라도 가져오면 될게 아냐?"

아내는, 내키지 않은 걸음으로 느릿느릿 낡은 타올을 가져왔다. 나는 또또를 타올에 조심스럽게 싸서 아내보고 안으라고 했다.

"어디 가게요?"

"병원에 가야 하잖아?"

"체, 수십 년 같이 산 여편네가 아프다고 할 때는 어디 가자는 소리 않고 있다가 강아지가 아프다니, 자가용에 태워 병원에 가요!"

또또는 가축병원에 가서 진찰을 받고 영양제를 비롯한 여섯 가지 주사를 목덜미에 맞았다. 진찰료와 약값은 만 이천 원이었다. 3일을 다녔는데도 차도가 없었다. 옆집 아저씨가 개 값보다 병원비가 더 들지 않는가 하고 빈정거리기 시작했다.

사실, 의료보험 혜택도 받을 수 없는 개를 위해 부자도 아닌 내가 매일 병원에 가는 것도 문제가 된다는 생각이 들었다. 그런 내 앞에 막내딸이 꿍쳐 두었던 돈 만 이천 원을 내어 놓았다.

4일째 되는 날 새벽에 두두가 또또의 목덜미를 핥고 있었다. 또또의 목덜미 털이 빠지고 있었다. 병은 그대로 있고 털만 빠지니 절망적이라는 생각이 들었다. 그러나 또 병원에 갔다. 이번엔 주사를 다리에 맞았다. 젊은 의사도 또또의 목덜미의 털이 왜 빠지는지 모르고 있었다. 아내와 나는 주사약 때문이든지 아니면 두두가 핥았기 때문이라고 예측했다. 그래서 또또를 격리시켜 두두의 접근을 막았다. 그래도 또또의 털은 계속 빠지고 있었다. 그뿐 아니었다. 털이 빠지고 상처가 곪아 터지고 있었다. 가축병원에 다닌 지 닷새째 되는 날 또또는 서서히 원기를 회복하기 시작했다. 물도 먹기 시작하고 꼬리를 흔들기도 했다.

그러나 그런들 어떠하랴. 목덜미의 상처 부위는 더 커지고 고름이 흐르고 있지 않은가. 마이싱 가루를 뿌려도 상처는 멈출 줄 몰고 깊고 넓게 번져 나갔다. 우리 가족들은 드디어 결단을 내렸다. 병원도 의사도 속수무책이니 또또를 두두에게 맡길 수밖에 없다는 것이었다. 두두는 또또가 젖을 뗀 후에 한 번도 데리고 잔 적이 없었다.

그런데 두두는 이틀 동안이나 또또의 작은 집에서 나오지 않았다.

밥 먹을 때를 제외하고는 밖으로 나오지 않았다.

우리는 또또가 죽은 게 아닌가 걱정하며 그를 그의 집에서 안아 올렸다. 심장은 그때까지 가냘프게 뛰고 있었다. 그리고 목덜미의 상처를 살펴보았다. 영혼이란 사람에게만 있는 것일까?

또또의 상처는 아물고 있었다. 두두는 또또의 상처에 고름이 고일 때마다 그것을 혀로 씻어 내었다. 고름이 많을 때는 황소도 거들어 주었다.

또또의 상처에 고름이 고이지 않으니 그곳에서는 새살이 나오기 시작했다.

우리는 두두나 황소의 입맛이 우리 식구와 비슷하다는 것을 알고 있었다. 그런데도 그들은 또또의 상처를 혀로 핥고 있었다.

두두의 정성이 또또의 건강을 회복시켜 주고 있었다.

쓸쓸한 들녘 끝에서

이현주 목사와는 오랜 친구 사이인데 어떻게 보면 이 사람은, 이 세상에 나나 나와 같은 사람을 콕콕 찌르거나 속을 뒤집어 놓으러 온 사람이 아닌가 하는 생각이 들 때가 있다.

현주가 나를 맨 처음 찌르기 시작한 것은 벌써 이십여 년 전 일이다. 그때 나는 버스를 타고 동대문 쪽으로 가고 있었는데 갑자기 배가 몹시 아팠다. 참고 목적지까지 가볼려고 애는 썼지만 아픈 배는 좀처럼 나을 줄 몰랐다. 이마에 식은 땀이 나고 등을 펼 수 없었다. 급한 김에 아무데나 내려서 한참을 보도 위에 쭈그리고 앉았다. 정신을 차리고 보니 종로5가였다. 종로5가에서 나와 제일 가까운 사람은 이현주 목사였다. 그래서 땀을 흘리며 그의 사무실 문을 박차고 들어갔다. 사무실 직원들이 모두 급히 뛰어드는 나를 주시했지만 나는 그들의 시선을 개의할 입장이 아니었다.

"현주야, 배가 아파 죽겠어."

"아니, 어떻게 아픈데?"

그는 노련한 의사나 된 듯이 내 표정도 살피고 손목의 맥도 짚어 보더니

"으응, 아침 먹은 게 얹혔어"라고 진단을 내렸다.

"이런 건 간단해. 엄지손가락만 따면 금방 나을 수 있어."

그는 고무줄로 내 엄지손가락을 매고는 여직원에게 빌린 핀으로 사정없이 엄지손가락 손톱 밑을 찌르기 시작했다. 얼마나 심하게 찔렀는지 검붉은 피가 책상 위에 뚝뚝 떨어질 정도였다.

"괜찮지, 괜찮지? 아프지 않지?"라고 그는 계속 물었다.

나는 아프다고 하면 손가락을 요절낼 것 같아 아프지 않다고 고개를 끄덕였다. 사실, 그때는 그의 말처럼 정말 아프지 않은 것 같기도 했다.

"시원하지? 이제 괜찮을 거야."

그는 직원들 앞에서 은근히 뽐내는 폼을 지어 보이며 내 등을 두드렸다.

나는 아프지 않은 듯한 표정으로 그의 사무실을 나올 수밖에 없었다.

그러나 몇 발짝 못가서 배는 또 아프기 시작했다. 하는 수 없이 가까운 병원에 가서 진찰을 해보았다. 진찰을 하고 난 의사는 죽을지도 모를 병을 갖고 어디 가서 손가락이나 따고 있었느냐고 야단이었다.

내 배가 아픈 이유는 "급성 맹장에서 복막염으로 넘어가고 있

는 중이기 때문"이라고 했다.

나는 그렇게 친구인 이현주 목사에게 찔리기 시작했다. 현주에게 손가락이나 발가락 정도가 찔렸다면 그것은 참을 만하고 또 유쾌하게 웃어넘길 수도 있었다. 그런데 그 사건 이후로, 몇 년마다 한 번씩 내 속을 긁어 놓는 일이 자주 발생했다.

나나 현주는 누구나 다 알다시피 시골 출신으로 촌놈이다. 나는 바닷가 어촌에서 자랐고, 그는 바다라고는 없는 충청도 농촌에서 어릴 때를 보냈다. 우리는 어쩔 수 없이 서울에서 생활하면서도 항상 자신이 자라난 시골을 그리워하며 그곳에서 시골 사람들과 함께 살기를 원했다. 그러나 서울에서 학교를 졸업하고 직장 생활을 하다 장가들어 어엿한 가장이 되고 그래도 조그만 사회의 일원이 되었는데, 그 모든 것을 뿌리치고 자신이 성장한 시골로 간다는 것 또한 쉬운 일이 아니었다.

그래서 대부분의 사람들이 서울서 뭉기적거리며 살고, 나나 현주 또한 그들과 같은 입장이니 우리의 농어촌에 대한 향수는 그저 향수로 끝나려니 했는데, 현주는 갑자기 모든 것을 버리고 서울에서 자동차로 제일 먼 곳이라 할 수 있는 죽변으로 간다고 나섰다. 그것도 그때 그가 속한 기관에서 받는 월급보다 대여섯 배나 급여를 적게 받으면서 가겠다는 것이었다.

말리는 친구도 있고 가라는 사람도 있었으나 나는 아무 말도 할 수 없었다. 마음으로는 나도 따라 나서고 싶은 심정이었으나 현실이 허락하지 않으니 답답하기만 했다. 그렇다고 현주의 현실이 죽변행을 감행할 수 있었다는 이야기는 아니다. 그런데도 그는 죽변으로 떠났고 나는 서울에 남아 있을 수밖에 없었다. 그러니, 현주는 얼마나 내 속을 긁어 놓고 떠났겠는가?

하루는 현주가 죽변에서 비포장도로로 강릉까지 가서, 다시 버스를 갈아타고 서울까지 왔다면서 내 앞에 나타났다.

대관령 아흔 아홉 구비를 돌면서 그는 상상했다고 한다. 만약 버스가 모퉁이를 돌다 굴러서 자기가 죽으면 죽변집에 돈이 얼마나 남아 있나 생각해 보았다고 했다. 그는 죽변에 있는 부인과 세 딸에게 이천사백원만 남기고 서울에 왔다. 그렇게 되면

"나는 세 딸에게 얼마나 자랑스러운 아버지가 되는 거야?"라면서 되물었다.

그는 자신의 말이 내 속을 얼마나 긁어 놓고 있는지 모르는 것 같다. 나는 그의 어린애 같은 그런 태도까지 미웠다. 그는 내가 속물이 다 되어 가는 줄 모르고 있는 것 같았다. 그의 언동은 내 속을 긁을 뿐 아니라 헤집어 놓고 있었다.

미국 북부에 버몬트라는 곳이 있는데 그곳에는 매우 특이한 연극을 하는 집단이 있다. '빵과 인형' 이라는 연극 단체인데 연극을 하겠다는 사람들이 오면, 농사를 함께 지으며 연극을 하고 빵을 나눠 먹는다.

일 년에 한두 번 뉴욕에 가서 공연하는데, 이미 세계적인 명성을 떨친 단체이지만 유명한 극장을 거부하고 공원 구석이나 교회 지하실에서 소문 없이 연극 공연을 하고 유유히 자기들의 본거지로 자취를 감춘다. 단체의 리더 격인 피터 쉬만은 신문 기자

들의 인터뷰 요청도 거절하고 자신들의 근거지로 가서 몸을 숨긴다. 그러면 뉴욕 타임지를 비롯한 신문들은 "빵과 인형이 크리스마스 시즌에 혼탁한 뉴욕을 정화시키고 갔다"고 평을 한다.

현주는 서울에 나타날 때 흰고무신 신고 한복 비슷한 걸 입는데, 얼굴에는 온통 수염투성이고, 손에는 그때마다 필요한 책을 사서 싼 보자기가 들려 있는데, 그 모습이 도동 파출소 순경에게는 영락없는 책 도둑놈이라 불심 검문 당하기가 일쑤인데, 내가 보기에는 현주의 그 꼴이 영락없이 혼탁한 뉴욕을 정화시키기 위해 내려온 피터 쉬만과 같았다.

죽변에서 음성으로, 음성에서 서울로, 그리고 다시 충주와 제천 쪽으로 옮겨 살면서, 그가 서울에 나타날 때마다 나 같은 사람이 살고 있는 서울은 그래서 조금은 깨끗해지는 것이 아닌가 하는 생각이 들곤 했다.

이오(이현주 목사의 호)의 결혼식을 잊을 수 없다. 60년대 말인가 70년대 초에 정동 감리교 젠센 기념관에서 유동식 교수의 집례로 진행되었다. 신부는 최용순, 말이없고 잘 웃지도 않아 나는 별명을 '뚝'이라고 지었다. 사모님이라고 호칭하기도 뭐해서 '뚝' '뚝' 하다 이목사 모친에게 야단맞았다.

결혼식은 아침 아홉시 쯤 시작되었다. 식이 끝나니, 하객들이 갈 데가 없었다. 그 시간에는 식당들도 문을 열지 않았다. 열려 있는 문을 밀치고 들어가니, 덕수궁이었다. 우리가 밀치고 통과

한 문은 덕수궁 뒷문이었다.

간이 매점 앞 테이블과 의자에 손님을 앉히니 피로연에 참석한 하객들이 삼십여 명은 되는 것 같았다. 성황이었다.

하객들 앞에 야채 샌드위치를 하나씩 놓고 피로연을 시작했다. 하객들의 수는 어떻게 되었건 손님들 가운데에 장공 김재준 목사님이 앉아 계시니 큰 산이나 나무 아래 병아리들 같이 화목하게 보였다. 마실 것으로 칠성 사이다를 두 사람 앞에 하나씩 놓았다.

결혼식 피로연에 어찌 가무가 없겠는가. 돌아 가면서 독창하기로 했는데, 분위기가 무르 익기도 전에 소설가 송영에게 노래를 시켰다. 노래보다는 휘파람을 더 잘 부는 송영이 감미로운 목소리로 노래를 불렀다.

"사랑의 기쁨은 …"

한 소절도 끝나기 전에 내 옆에 앉아 있던 김수길(음악감상실 티롤 주인) 씨가 "아이고 병신, 어쩌자고 저 곡을…"하며 혀를 찼다.

송영은 노래를 도중에 중단하지 않고 끝까지 다 불렀다. 그는 마지막 소절 "슬픔만 남았네" 까지 불렀다.

북산이 전화했다. 용순이가 몹쓸 병에 걸렸다고 한다. 교인 중에 의사가 있어 알아 보았더니 그래도 현대 의학이 지시하는 대로 따르는 것이 좋다고 해서, 그렇게 권했는데 말을 들을 것 같지 않다고 했다.

그래서 나와 딸 지성이가 이오를 서울역에서 만났다. 점심은 지성이가 목사님을 대접하겠다고 했다. 식사 끝난 뒤 난 이오에게 의사의 지시에 따르는 것이 우리가 할 수 있는 최선의 방법이 아니겠느냐고 했다. 그리고 포옹을 하고 헤어졌다.

지난 초가을 북산이 전화를 넣었다. 사모님이 가셨다는 이야기다. 파주쪽 기도원에서 돌아가셨는데 충주로 내려갔다는 것이다. 본인은 충주로 가겠지만 날 보고는 교통도 불편하니 오지 말라고 한다.

북산은 틈틈이 소식을 전하겠다고 했다.

사모님을 먼저 보낸 이오에게 내가 할 수 있는 말이 있을까? 무슨 말과 어떤 행동이 이오를 위로할 수 있을까. 얼굴만이라도 보고 와야 되는게 인사가 아닌가. 생각의 생각이 꼬리를 물었지만 결국 가지 못했다.

이오는 지난 일 년간 사모님과 함께 기도원에서 생활했다. 다가서는 죽음에 대한 공포를 물리치며 육체의 고통을 겪었다. 사십여 년간 결혼 생활 속에서도 못다 한 이야기가 얼마나 많았는지 두 사람은 이야기하고 또 했다.

사모님은 시집안간 세 딸과 이오의 건강에 대한 걱정은 하늘에 맡겼으리라.

"슬픔만 남았네…" 노래 소리가 들린다.

이오는 쓸쓸하고 쓸쓸한 들녘에 서 있다.

어떤 자존심

그날도 경희는 연주회장 뒤에서 자기 좌석을 찾지 못하는 관객들에게 자리를 찾아 주고 있었다. 연주 팀이 국내 교향악단이면 관객도 별로 많지 않고 음악회에 자주 찾아드는 고정 팬이기 때문에 안내하기가 어렵지 않지만, 그날처럼 연주 팀이 구소련 유명 교향악단일 경우에는 연주회장에 처음 찾아오는 생소한 관객이 많았다.

그도 그럴 것이 음악회장에 자주 찾아오는 사람들은 학생들이 많았는데, 학생들이 십만 원이 넘는 입장권을 사가지고 참석할 수는 없는 일이었다. 그날 음악회에는 옷차림이 화려한 관객들이 거만한 몸짓으로 S석이 어디 있느냐고 표를 내미는 사람이 많았다.

경희는 그 거만함 앞에 상대적으로 초라함을 느꼈기 때문에 담당구역을 친구에게 맡기고 자기는 C석이 있는 3층으로 갔다. C석 좌석권을 사가지고 음악회에 들어오는 사람들은 가난하지만, 음악을 사랑하는 사람들이 많았다.

그래서 안내하기가 매우 편한데, 문제는 연주 예보가 나가면 우르르 몰려서 A석이나 S석의 빈자리로 가는 데 있었다. 소란을 피우지 않고 조용히 빈자리에 가서 앉는다면야 누가 뭐라고 하겠는가? 심할 때는 빈자리 하나 놓고 두 사람이 다투기도 했다. 경희의 역할은, 빈자리 수와 그곳으로 몰려가는 사람의 수를 적당히 조절하는 일이었다.

그날 경희는 우리나라 음악팬들이 이상하다고 생각했다. 공산주의나 공산권 하면 배에서 위경련을 일으킬 정도로 싫어하던 사람들이 연주 팀 이름 앞에 레닌그라드나 모스크바만 붙이면 만원사례를 해야 할 정도로 관객이 몰려오니 그녀로서는 이해할 수가 없었다.

연주회장은 음악팬들로 성황을 이뤘는데, 그래도 아래층 S석이나 이 층 A석에 빈자리가 몇 개 있었다. 연주 시보가 울리자 얌체족들은 재빨리 뒷문으로 몰려왔다. 경희는 빈자리가 열 서넛은 될 것이라고 생각하고 다섯 명을 내보내고 문을 닫아 버렸다.

아래층으로 내려가려던 얌체들은 경희에게 별 불만을 보이지 않고 자기 자리로 돌아갔다. 그런데 한 젊은 사내가 맨 뒤 통로에 우두커니 서 있었다. 연주회장의 맨 뒤 통로는 경희와 같이 안내하는 사람들의 공간이었다.

경희는 그 사내에게 가서 좌석이 몇 번인가 하고 물어보았다.

"입석입니다."

사내는 무뚝뚝하게 나왔다.

"저희 연주회장에는 입식 제도가 없습니다."

"그래서 주최 측에 특별히 부탁해서 입석표를 구했어요. 입석표를 팔지 않은 음악회가 어디 있습니까?"

"표를 좀 보여 주세요."

사내는 귀찮다는 듯이 안주머니에서 표를 꺼내 보여 주었다. 표에는 붉은 글씨로 '입석' 이라고 쓰여 있었다.

"그럼 저기 가 앉으세요."

경희는 조금 전에 아래층으로 내려간 얌체족들의 빈자리를 가리켰다. 그러나 사내는 미동도 않고 있었다.

"이것 보세요. 저기 빈자리가 있잖아요. 저기가 앉으세요."

사내는 입가에 비웃는 듯한 표정을 보이며 바위같이 서 있었다.

"이것 보세요. 여기는 우리가 다니면서 좌석을 정리하는 통로에요. 그러니, 어서 저기 가 앉으세요."

"나 저 좌석에 앉을 수 없어요."

"등에 등창이라도 났어요?"

"입석표를 갖고 어떻게 좌석에 앉아요?"

"모두들 그렇게 하잖아요."

"난 못해요? 음악회장에도 규칙이 있어요."

경희도 여기서 물러설 수 없다고 생각하고 그의 턱밑으로 다가섰다. 음악팬들은 지금 막 시작되려는 교향악단의 연주보다는 이쪽 시비에 더 관심이 있는 듯했다. 사내는 애원하듯 말했다.

"없는 놈도 자존심 좀 지킵시다."

"갑자기 자존심은 또 뭐에요?"

"돈이 많아 S석에 앉은 사람은 S석에 앉았으니 으스댈 수 있겠지만, 난 돈이 없어도 건강하니까 서서 감상할 수 있어요. 입석 감상자에게도 자존심이 있어요."

"그런 궤변을 늘어놓지 말고 가서 앉으세요."

그날, 그 사내는 끝내 경희의 말을 듣지 않고 서서 자신의 자존심을 지켰다.

악담

송팔 씨의 아내는 처음부터 택시를 타지 말자고 했다. 송팔 씨 역시 구석진 동네에서 택시 잡기가 힘들다는 것을 아는 터여서 아내의 말대로 해야 한다는 것을 알고 있었다. 그러나 그들이 가려는 곳이 버스 종점에서 15분 이상 걸어야 하는 산 중턱인데다 다리를 저는 아내가 요즘 따라 더 불편해하는 것을 알면서 버스를 탈 수는 없었다.

송팔 씨는 이리 뛰고 저리로 서성거리며 택시를 잡으려고 애썼지만 택시는 잡히지 않았다. 단독으로 택시 잡기를 단념한 그는 합승이라고 하려고 했다.

"남산 도서관, 해방촌!"

택시 기사는 그런 델 어떤 미친놈이 가느냐는 듯이 심드렁한 얼굴을 하고 그냥 지나치거나 별 미친놈 다 봤다는 듯이 험상궂게 눈을 찡그리고 휑하니 지나갔다.

"여보, 저기 빈 택시, 빈 택시."

아내는 택시 정류장에 서서 아득히 먼 데서 오는 빈 택시를 가리켰다. 송팔 씨는 그 택시를 향해 돌진했다. 보통 때 같으면 목적지를 말하고 애원하는 얼굴로 택시기사에게 하소연했을 텐데, 그날만은 그렇지 않았다. 택시 뒷문을 열고 의자에 몸을 던졌다.

"방향이 맞지 않으면 갈 수 없습니다."

택시 기사의 태도는 완강했다. "저 사람부터 태우고 봅시다."

그때 아내가 헐떡거리며 택시 문을 열었다.

"우리 남산 도서관 쪽으로 갑니다. 요금도 더 지불할 수 있으니 좀 같이 갑시다."

"지금 이 시간에 시내 한복판으로 가는 차가 어디 있어."

"생각했던 것보다 막히지 않은 곳이 그쪽입니다."

"안 되겠어요. 내리세요. 난 지금 밥 먹으러 가는 길입니다."

"아, 점심식사? 그쪽에도 좋은 기사식당이 있어요."

"이 아저씨가 선생 앞에서 문자 쓰네, 아저씨도 택시 하세요? 서울 시내 길을 나보다 더 잘 아세요? 그쪽은 길이 막힐 뿐 아니라 기사식당이 없어요."

송팔 씨는 기사식당이 있다고 우기고 싶었지만 택시 기사의 심기를 건드려 도중에 하차당하는 수난을 면하기 위해 참았다.

"나, 참 더러워. 택시 기사의 위는 양철로 되어 있는 줄 아나 봐. 위가 고장 나면 어느 놈이 책임져 주나?"

기사는 송팔 씨의 내외를 백미러를 통해 보면서 계속 말했다.

"재수 없는 날이 따로 없어. 합승할 손님이 없으면 재수 없지."

송팔 씨는 울컥 화가 났지만 참았다. 택시 기사와 길 가운데서 싸우는 자신의 몰골과 그 옆에서 불편한 다리를 동동거리며 안타까워하는 아내의 모습이 스쳐 지나갔기 때문이었다. 송팔 씨는 해방 후 남산 해방촌에서 평지로 이사 내려오지 않고 사시는 노부모를 원망할 뿐이었다.

"남산 같은 데 자주 가요?"

갑자기 기사가 송팔 씨에게 질문을 던졌다.

"네? 지금 나보고 뭐라고 하셨어요?"

"그럼 여기 다른 사람들이 있어요? 남산 자주 가느냐고 물었어요."

"네 한 달에 한두 번은, 노부모님이 계셔서."

"아, 그럼. 자가용을 사셔야죠. 이런 데 오는 사람들에겐 자가용이 꼭 있어야 한다구요."

송팔 씨 역시 자기 같은 사람에게 자가용이 필요하다는 걸 누구보다 잘 알고 있었다. 그러나 송팔 씨는 자가용이 필요한 줄 몰라서 안 사고 있는 것이 아니었다.

"이 차 차고 우리 동네잖아."

택시 앞차고 표지판을 보고 아내가 말했다.

"아까 그 동네에 사세요?"

"네, 그 동네에 삽니다."

송팔 씨는 택시 기사가 같은 동네 사람이라는 것을 알고 그에게 품었던 적의를 약간은 풀었다.

"요즘, 프라이드 중고차 얼마 안 합니다. 능력이 없으시군."

이런 망할 자식이 있나. 송팔 씨는 주먹을 불끈 쥐고 자리에서 일어나려고 했다.

그때 아내가 그의 팔을 잡고 놓아 주지 않았다. 참자, 오늘은 노부모에게 인사드리고 교회에 들려서 수요 예배에 참석하기로 하지 않았는가. 참자, 참자.

"저것 봐. 저기 기사 식당이 있지 않아?"

송팔 씨는 자기 말이 맞지 않았느냐고 기사에게 대 들었다.

"아저씨도, 우리가 가는 길 건너편이잖아요? 누가 그것도 모르고 식당이 없다고 한 줄 아세요? 난, 설렁탕을 먹으러 가려고 했는데 저 집은 순두부밖에 없어요."

송팔 씨는 보통 때 같으면 백 원짜리 거스름돈을 받지 않을 뿐 아니라 천 원을 더 얹어 줬겠지만 그날 따라 화가 나서 택시 기사에게 속으로 악담하고 천 원 지폐를 얹어 주지 않았다.

며칠 후 송팔 씨 아내는 송팔 씨에게 고약한 택시 기사에 대한 이야기를 들려주었다.

"그 기사 있죠. 그 사람 만물상회 뒷방에 사는데, 삼일째 일 못 나가고 아파서 누웠데요."

"멀쩡한 사람이 왜 아파? 나보다도 젊고 건강해 보이던데."

"아, 글쎄, 남산 쪽에 갔다 벌이 입속으로 들어갔데요. 그 벌이 목구멍으로 들어가다 그만 침을 쏘았는데 목구멍이 막혀 며칠째 밥도 못 먹는데요."

송팔 씨는 속으로 '너무 했구나' 하고 후회했다.

그날 송팔 씨는 택시 문을 꽝 닫고는 "하나님, 더러운 입을 막는 데는 벌침이 제일 좋습니다. 저놈의 입에다 벌 한 마리만 넣어 주세요." 라고 악담했던 것이다.

신데렐라

핀란드 여행을 마치고 돌아온 경수는 회사에 들러 간단한 보고서를 제출하고 집으로 향했다. 아내와 아이들이 그를 반기며 이국 풍취에 대하여 물었다. 경수는 오랜 객지 생활의 긴장 때문에 몹시 피곤했지만 그들의 물음에 대답하지 않을 수 없었다.

'그래 내일이 일요일이니까 늦잠 자면 되지.'

이튿날 정오가 조금 지나서 전화가 왔다.

"나, 김달호인데 만나야겠어."

"급한 일이 아니면 다음 주중에 만나, 나 지금 피곤해. 자고 있는 중이야."

"자는 사람이 전화를 받고 있니? 회사 지하 카페로 나와. 안 나오면 친구 놈 몇 더 데리고 쳐들어가겠어."

낙천주의자 김달호는 체면도 가리지 않고 쳐들어온다고 말을 하면 그대로 들이닥치는 행동파였기 때문에 경수는 할 수 없이 약속한 카페로 나가지 않을 수 없었다.

"핀란드에는 얼마나 있었어?"

"반년, 여기는 어때?"

"21세기를 향해 비약하려는 문민 시대의 출발점이야."

"좋군, 유럽은 움츠리고 있는 것 같았어."

"그런 막연한 이야기를 하지 말고 구체적인 예를 좀 들어봐, 핀란드에 대해서 말이야."

경수는 지난 6개월 동안 자기가 산 핀란드에 대하여 상기해 보았다. 여름의 백야와 겨울의 어두움, 그곳에서 별말 없이 살아가는 윤곽이 뚜렷한 핀란드인들, 우랄알타이어족이라고 하면서도 우리와는 가까움을 느낄 수 없는 사람들, 느린 말투와 생기 없는 몸동작 등에 대하여 이야기를 했다.

"내 생각대로군."

"뭐가 네 생각대로야?"

"지금 유럽은 늙어가고 있어, 도대체 생기가 없어. 그러니 21세기는 분명히 우리들의 시대가 될 거야."

경수는 김달호의 낙관론에 선뜻 동의할 수가 없었다. 그는 수오미(핀란드인들은 자신을 그렇게 불러주기를 원한다.)들의 검소한 생활 방식과 사려 깊은 삶의 자세 그리고 헐벗고 굶주리고 있는 아프리카 인들에 대한 헌신적인 사랑을 떠올렸다.

"그러면 뭐해? 세계 십 대 교회 중 우리나라 교회가 몇 개나 들어가 있는 줄 알아? 다른 나라 기독교인들은 점점 줄어가는데, 우리는 곧 천오백만에 이르게 되어 있어. 하나님은 지금 우리 민족을 귀히 쓰려고 하고 있어. 하나님은 이 나라를 통해 세계를 복음화할 거야."

"복음화도 경제적 밑받침이 있어야 해."

"너, W 이론 알아? 우리 민족이 신명이 올랐다 하면 굉장한 일을 해낼 수 있어, 88 올림픽을 생각해 봐."

김달호는 입에서 침을 튀기며 팔팔거렸다.

"너 두고 봐. 우린 분명히 21세기에는 세계의 신데렐라가 될 수 있어."

신데렐라라. 경수는 핀란드에서 친하게 된 친구의 집에 초청받았던 때를 기억했다. 검소한 저녁을 먹고 나서 친구는 자기 집을 경수에게 구경시켰다. 고등학교 일학년짜리 친구의 딸은 별채에서 살았다. 경수는 별채의 문을 여는 순간 심한 노린내를 맡았다. 그리고 노린내의 실체를 보는 순간 속이 메슥거렸다. 목사의 딸은 별채 아래층에서 수십 마리의 쥐를 키우고 있었다. 자신의 침실은 별채 이 층에 있었다. 그녀는 쥐들이 귀여워 못 살겠다는 듯이 하나씩 들어 올리며 경수에게 이름을 일러주었다.

"더럽다고 하지도 않고 징그러워하지도 않는군요."

경수가 그녀의 아버지를 보고 말했다.

"불결하진 않습니다. 삼 일에 한 번씩 목욕을 시키니까요, 그리고 어떤 때는 데리고 자기도 해요."

"우리나라 어린이들은 저렇게 못 합니다."

"성인들이 준 개념에서 벗어나지 못하는군요, 불행한 경우죠."

경수는 그때 핀란드 친구가 왜 우리 어린이들이 불행하다고 생각하는지 이해할 수가 없었다.

“인마, 무슨 생각을 그렇게 하고 있어, 내 말이 어때? 21세기의 신데렐라.”

“그럴듯하군, 근데 우리만, 다시 말하면 남한만 신데렐라가 되는 거야? 아니면 이북하고 함께 되는 거야?”

“그야 함께 해야지.”

“어떻게?”

“그 쥐새끼들도 우리식 경제 체제를 따를 수밖에 없어, 지금 경제가 말이 아닌가 봐, 곧 무너진 데.”

“그렇게 되면 이북을 도와야 하니까 신데렐라는커녕 그 집 시종만도 못하게 될 수도 있어.”

“안 그래, 너 지금 동남아 노동자들이 우리나라 노동판에 얼마나 와 있는 줄 알아?”

김달호의 논리는 명쾌하고 그럴듯했다. 그러나 경수는 세상은 그의 이론처럼 단순한 것이 아니라고 했다. 달호는 경수가 자신의 말에 동의하지 않자 화를 내기 시작했다.

“그렇다면 네 방안은 뭐야? 넌 대안도 내놓지 못하면서 불평만 하고 있잖아!”

“신데렐라를 신데렐라 되게 한 것은 누구야? 수호천사라는 사람도 있고 왕자라는 사람도 있을 수 있겠지? 그렇지만 난 신데렐라로 하여금 신데렐라가 되게 한 것은 쥐들이라고 생각해.”

“이북의 쥐새끼들이?”

“그래, 쥐들의 도움 없이는 신데렐라가 행운을 잡을 수 없었어."

경수는 우리가 21세기의 신데렐라가 되려면 우리들이 가지고 있는 쥐는 더럽고 징그러운 몹쓸 동물이라는 개념부터 깨트리는 작업을 해야 한다고 덧붙였다.

마지막 카드

"야!, 늙은 놈이 미팅은 무슨 미팅이야? 그건 일이 학년 애들이 하는 거잖아. 제대하고 복학한 주제에, 미팅이라니, 여자애들이 양로원에 온 줄 알겠다."

제대파 리더 격인 친구가 영길이를 보고 미팅을 하자고 제의했을 때 그는 마음이 내키지 않았다. 군에 입대하기 전에도 쑥스러워 그런 델 나가지 않았는데. 이 나이에 미팅이 무슨 미팅이냐고 오히려 그런 것을 주선하는 친구를 말렸다. 며칠이 지난 후 미팅파 친구는 남자가 하나 모자란다고 영길이 보고 회비도 없이 참석하라고 했다. 그래서 할 수 없이 참석하겠다고 했는데, 반 미팅파에서는 소주나 까면서 놀자면서 미팅에 나가지 말라고 극구 반대하고 나섰다.

"약속은 약속이니까, 강 건너 불구경하듯 둘러보고 올게."

"그럼 할 수 없군. 근데, 너 내 말 잘 들어야 한다. 여대생이 일이 학년은 개로 치면 스피치나 포인타야. 그 애들은 아무 남자애들하고 얘기도 하고 호프집에도 다니면서 만났다 헤어졌다 하지만, 대학 삼학년 애들은 부르도크야. 한번 물면 놓지 않아. 그뿐인 줄 알아? 사학년은 미친개야. 아무나 물고, 물면 놓지 않아. 그러니까 정신 똑바로 차리고 삼사 학년 학생들과는 애프터 신청하지 마."

영길이는 "알았다." 대답하고는 강 건너 불구경하는 기분으로 미팅장으로 나갔다. 그런데 이게 웬일인가. 자신의 파트너는 첫눈에 마음에 드는 여학생이 아닌가? 둥근 눈에 오뚝한 코와 비너스 조각 같은 얼굴선 하며 영길의 마음을 사로잡을 만한 모습이었다. 게다가 결코 비대하지 않은 두툼한 몸매는 시골 부모님들의 마음에 꼭들 맏며느리감이었다. 강 건너 불구경하려던 영길의 태도는 강물에 빠진 꼴이었다.

이름은 애희라고 했다. 그는 그가 대학 삼학년이 아니라 사학년이 된다고 해도 상관이 없다고 생각했다. 미친개같이 제발 자신을 물고 놓지 않았으면 좋겠다고 생각했다. 아닌 게 아니라 애희는 반 미팅파의 말대로 대학 사학년답게 미친개같이 영길이를 물고 놓지 않았다.

대학을 졸업하고 취직한 후에도 영길이와 애희의 만남은 계속되었다. 영길은 당일치기로 시골에 다녀오기 힘들었지만 애희를 데리고 시골로 가서 부모님에게 인사도 시키고 동생들과 만나게 했다. 영길의 부모님과 동생들은 애희를 매우 귀여워하고 따랐다.

그러나 문제는 애희의 부모였다. 술 한 잔을 걸치고 집에 돌아온 애희의 아버지가 애희에게 사귀는 남자가 없느냐고 물었다. 그때 애희는 기다렸다는 듯이 있다고 했다.

애희는 아버지와 어머니에게 영길의 인적 사항에 대해서 자세히 말했다. 대학에서 철학을 전공하고 신문사에 취직되었다는 것, 그리고 시골에 양친 부모님이 계시고 오 형제 중 장남이란 것까지 말했다. 그리고 결혼 후에는 장남이기 때문에 부모님을 모셔야 한다는 이야기는 차마 하지 못했다. 그런데도 애희의 아버지는 양 눈을 치켜뜨고는 한참 울분을 참지 못하겠다는 듯이 말을 하지 못했다.

"사람은 괜찮아요."

"무남독녀 외딸을 장남에게 줄 수 없어."

"여보, 사람도 보지 않고 그러면 어떻게 해요."

어머니가 애희의 편이 되어 주었다.

"듣기 싫어요. 철학과라 어떻게 신문사에 취직은 되었지만 철업이란 건 없어. 딸을 빌어 먹이려면 그런데 보내요."

아버지의 태도는 단호했다. 처음에는 애희 편이었던 어머니도 그쪽으로 돌아서는 듯했다. 애희는 애희대로 묵비권에 금식 등 온갖 투쟁 수단을 동원했지만, 아버지의 마음을 돌려놓을 수는 없었다. 영길은 애희에게 마지막 카드를 쓸 테니 한 번만 아버지를 만나게 해 달라고 졸랐다.

"시골에다 혹이 넷 달린 사람은 사위로 삼을 수 없어. 그 집 부모님은 현대인이 아닌가? 아이를 다섯이나 낳게!"

애희의 아버지는 온갖 트집을 다 잡았다. 그러나 딸이 한번 만나보기만 해 달라는 청은 거절할 수가 없어 집으로 오라고 했다.

영길이와 애희가 집에 도착하기 전에 애희 아버지는 부인에게 단단히 타일렀다.

"녀석이 인물은 괜찮은 모양인데, 당신 넘어 가면 안 돼!"

"알았어요."

영길이는 애희 부모님에게 공손히 절하고 기다란 선물 꾸러미를 내려놓았다.

"이게 뭔가?"

"제 마지막 카드입니다. 풀어 보십시오."

애희 아버지는 선물 꾸러미를 풀었다.

"아니, 이건 야구방망이가 아닌가?"

"네, 맞습니다. 제가 만약 앞으로 애희에게 잘못하는 일이 있으면, 이것으로 저를 때려 주십시오. 달게 맞겠습니다."

"허, 허, 허, 내가졌네. 애희를 데려가게."

영길의 장인, 장모 후보는 유쾌하게 웃었다.

담

三

40 권정생형의 아름다운 순간
41 무엇하나 건드리지 않고 세상 건너기.
42 랜드로버
43 야만의 삽화 1
44 야만의 삽화 2
45 야만의 삽화 3
46 영랑호
47 황소와 까치
48 망각과 여유
49 아테네 가는 길
50 제이(J)씨의 꿈
51 이팝과 고깃국
52 부부의 끈
53 오봉가는 길

권정생형의 아름다운 순간

정생(權正生)이 형이 돌아가셨다. 상가에서 하루를 서성거리다 일상으로 돌아 왔다.

말하기에 따라서는 담담하게 보낸 하루 동안의 경험인데, 그것을 기록으로 남긴다는 것은 무의미한 작업이라는 생각이 들어, 이 글을 쓰지 않으려고 무지하게 애를 썼다.

한 달이 지나고 두 달이 되니 그날 밤의 일을 그냥 묻어 두는 것도 도리가 아니지 않는가 라는 생각이 들었다.

글을 쓰지 않으려고 애쓴 이유는 망자와 그를 사랑하는 사람들에게 누가 될 수도 있지 않은가 라는 염려에서였다. 나는 연극쟁이다. 연극쟁이는 자기가 경험한 세상사를 꾸며서 얘기하는 고얀 버릇이 있다고 취급하니까, 이 글도 그런 종류겠지 하고 넘겨 버리지 않을까 하는 염려가 들었다. 사실, 나는 내가 경험한 것을 꾸며서 얘기하는 버릇이 있다. 그래서 이 이야기도 꾸미게 될까봐 걱정을 많이 하고 있다.

"정생이 형이 돌아가셨어. 대구 가톨릭병원에서 라는데, 상가는 안동병원이래." 강정규 형의 전화였다. 자신은 당일 안동으로 내려갈 수 없다면서 다시 연락하자고 했다.

5월 17일 정오가 조금 지나서였다. 집에 들어 와 안동 가는 교통편에 대해서 알아보면서 북산(北山, 최완택 목사)에게 전화를 넣었다. 우리가 만나고 싶어 하는 사람은 이미 돌아가셨는데 서둘러 안동까지 가야 할 필요가 있느냐는 심드렁한 반응이다. 벌써 파도같이 몰려오는 애통한 감정을 통곡으로 토해 내고 난 후의 자세다. 북산이 다시 전화했다. 안동이 고향인 교인이 있는데, 그의 차를 타고 내일 가자는 제의였다.

안동병원 장례식장에 빈소가 차려져 있었다. 인근 문인들과 목회자들이 장례 절차를 매우 짜임새 있고 질서있게 처리해 나갔다. 그릇 하나 나르는 데도 망자에 대한 존경심이 배어 있는 자세로 문상객을 맞았다.

박달재 밑에 사는 철수는 벌써 다녀갔다고 했다. 철수를 보지 못한지도 십여 년이 되었다. 사단장이 예하 부대를 시찰하듯 휭 돌아보고 갔나, 하고 생각하니 섭섭했다.

이오(二吾, 이현주 목사)가 나타났다. 치과에 가서 이를 뽑고 왔다면서 손으로 턱을 괴고 있어 말도 붙이지 못했다.

상가는 지하 일 층이었는데, 주위의 구조가 묘했다. 뒷문으로 나가면 바로 식당이었다. 식당에서 안동, 거창 지역의 문인들과 목회자들을 만났다. 옛날부터 친근한 사이처럼 생각되던 막돌

(정호경) 신부를 처음 만나 수인사를 나눴다.

이오는 고통이 심한지 오래 버티지 못하고 일찍 자리를 떴다. 이를 뽑으면 아프리라는 것을 잘 알고 있는 이오가 왜 이를 뽑았을까. 정생이 형이 돌아가셨다는 소식을 듣고 이를 뽑았다. 정생이 형의 상가에 와서 해야 할 일이 많을 이오인데 이를 뽑았다. 이를 뽑으면 정상적인 말이나 행위를 할 수 없음을 그는 잘 알고 있다.

정생이 형은 3월부터 몸이 더 아팠다. 정생이 형은 집 옆과 탑 앞에서 혼자말로 '누가 내 아픔을 대신해 줄 수 있었으면…' 라고 했다. 만약 아픔을 대신해 줄 수 있다면, 지인들이 하루씩만 아픔을 분담했으면, 고통을 당하던 환자는 편안하게 병을 감당할 수 있을 것이다. 그런데 사람의 병은 아무도 대신 할 수 없다. 이오는 정생이 형이 고통 속에서 저 세상으로 가는 날 이를 뽑았다. 그는 턱을 괴고 지인을 따라 안동의 어둠 속으로 사라졌다.

밤이 으슥하여 우리는 여관으로 찾아 들었다. 여관은 바로 병원 장례식장 뒤에 있었다. 여관과 장례식장 사이에는 식당만 있었다. 우리들이 안내된 방은 이 층이었다. 창으로 빈소가 드려다 보였다. 망자와 우리 사이엔 식당만 있었다. 우리 방이 망자가 누워 있는 곳보다 한층 높을 뿐이었다. 만약, 망자가 하늘 나라로 걸어간다면 우리가 들어 있는 이 층 계단으로 해서 갈 것이라는 생각이 들었다. 그러니 우리 방은 하늘 나라로 가는 길목 방이었다.

전라도 강진에서 풍경소리를 편집하는 김민해 목사와 서해안의 야산(안인철 목사)이 하동쪽에서 시를 쓰며 사는 박남준 시인과 함께 손에 씹을 거리와 마실 것을 들고 들어 왔다.

길목 방의 좌장은 나와 막돌 신부인데, 만남의 떠들썩함이 가라앉은 방의 분위기를 주도하는 것은 북산이었다.

북산은 초면인 박남준 시인에게 시비를 걸었다. 박 시인은 차분하고 정중했다. 연배가 한참 밑인데도 또박 또박 할 말을 다 했다. "정생이 형 좋아해?" 박 시인이 "좋아한다."고 답했다. "그럼 노래해." 박 시인은 노래하지 않았다.

한참만에 시를 낭송하겠다고 했다. 북산의 어거지를 피해 나온 박 시인이 차분한 음성으로 시를 읊었다. 가시가 빠지거나 무뎌진 서정시였다. 길목방에서 노래하는 사람은 한 사람도 없었다. 그렇다고 굴 속 같이 조용하기만 한 것도 아니었다. 헛튼 굿판같이 들 떠 있는 것은 사실이었다.

"노래 안 해? 나쁜 놈들!" 북산이 방바닥을 두드렸다. 북산은 눈이 풀렸다. 길고 가는 눈으로 주위를 살폈다. 흰자위를 보였다. 조금은 야비한 웃음을 띄고 시비거리를 찾았다. 나는 그때 어렸을 때의 한 장면을 떠 올렸다. 그 순간에 왜 그 장면이 내게 다가 섰는지 알 수 없다.

우리 가족과 친척들은 이북에서 포항으로 피난갔다. 어떤 늦은 봄날, 나와 외숙모는 포항 학산에 있는 친지의 집을 찾아 갔다. 그 집 안방에서 조그만 딸 아이가 머리가 아프다고 하더니 쓰러져 오줌을 쌌다. 그러더니 스무살에 인민군에 나간 막내 외삼촌의 영이 외숙모에게 내렸다.

외삼촌은 울었다. 함경북도 주을에 살던 외삼촌은 전쟁이 나자 징집되어 남쪽으로 내려 왔다. 형산강 전투에서 총상으로 죽어 개천에 빠져 있다고 했다. 어머니가 보고 싶다고 했다. 외할머니는 이북에서 남쪽으로 피난오지 않았다. 형제들도 보고 싶다고 했다. 남쪽으로 내려온 것은 외삼촌의 누나인 내 어머니와 외숙모네 뿐이었다. 세 형제는 그때까지 이북에 살아 있었다. 외삼촌은 한나절을 울다, 신세타령하다가 외숙모와 헤어졌다. 외숙모는 전쟁을 일으킨 죄인이 자신이라도 된 듯이 외삼촌에게 빌고 또 빌었다. 외삼촌은 매장되지도 못하고 개천에 버려졌다고 해서, 우리는 몇 일을 개천 주위를 헤매고 다녔다.

“그것도 하나 해결 못해? 그러면 못써!” 북산은 방 안의 아무도 상대하지 않고 막돌 신부에게 덤벼들었다. 북산과 함께 조탑동 정생이 형의 집에 들렀을 때, 형은 고관절 수술을 하고 나타난 북산에게 눈을 흘켰다. 아팠으면 아팠지 그림까지 그려가며 광고하느냐고 핀잔이었다. 그때 학같이 맑고 깨끗한 형의 눈빛이 푸르게 번뜩거렸다. 여관방의 북산의 가느다란 눈도 푸르게 떨렸다. 하늘로 올라가던 정생이 형이 북산에게 들렸다. 북산은 북산이 아니고 정생이 형이 되었다. 형은 막돌 신부에게 덤벼들었다.

막돌 신부는 유능하고 의로운 신부다. 유신체제나 신군부시절 권력과 맞서 싸운 가톨릭 농민 운동의 대부다. 교구민들의 존경을 받고 있다 도회를 등지고 산골에서 농사지으며 도도하게 살면서 고전을 읽고 있다. 하는 말과 행동 하나 하나가 사람들의 사표가 된다. 교구민이나 지나가던 사람이 어려움을 쉬으면 즉석에서 문제를 해결해준다. 능력이 있으니 말이 많을 수밖에 없다. 그런 막돌이 정생이 형이 아플 때, 그의 고통을 얼마나 덜어 주었는가. 사경을 헤매며 대구 병원에 있을 때 생명을 얼마나 연장해 주었는가?

"신부면 신부지, 잘난 체 할 필요 없잖아?"

나는 병이 들거나 온전치 못한 육신을 가지고 태어나거나 사고로 몸을 마음대로 가누지 못하다 돌아간 사람들에 대해, '어쩌면 잘 되었는지도 모른다. 괴롭고 보기 싫은 육체의 굴레를 벗어 버리고 영혼만이라도 자유롭게 하늘 나라에 가서 잘 살라'고 기도한 적이 있다. 내 동생 명희는 뛰어나게 예쁜 여자 아이였다. 한 돌이 지나 소아마비가 왔다. 뇌성마비에, 몸도 한 쪽을 못 썼다. 그러나 영혼은 천사같이 아름다웠다. 나는 그녀를 위해 동극을 쓰고 어린이극을 공연했다. 그녀는 내 삶의 전부를 차지한 적도 있었나. 그녀가 사고로 목숨을 잃었을 때 나는 울고 또 울었다. 그녀가 세상에서 떠나던 그 순간 나는 깊고 넓은 바다 속에서 그녀가 솟아올라 인형의 푸른 옷을 입고 하늘로 치솟아 오르는 꿈을 꾸었다.

천근 만근되는 무거운 육체의 짐을 던져 버리고 영혼만이라도 자유롭게 하늘 나라에서 편히 살라고 기도했다.

그렇게 되기를 진실로 바랬다. 그러나 그것은 어디까지나 산

자들의 소원일 뿐이다. 산 자들이 자신을 위안하기 위해 드리는 기도일 뿐이다. 죽은 자가 아끼고 사랑하는 생, 죽은 자가 아끼는 자기 육체에 대한 애정은 전혀 고려하지 못한 생각이다.

몸이 병들면 병든 만큼, 지체가 부자유하면 한 만큼, 건강한 사람보다 두세 배 더 아깝고 귀한 육체다. 정상인 보다 세상과 생을 더 사랑하고, 보고 싶고 만지고 싶고 함께 호흡하고 싶은 게 살아 있는 세계가 아닌가.

"정생이 형, 아픈 몸 떨쳐 버리고 하늘 나라에 가서 편히 행복하게 쉬세요." 이게 내가 드릴 수 있는 유일한 기도라면, 이게 아니다. 이건, 내가 나를 위한 기도를 드린 것이다. 산자들의 자신을 위한 소망일뿐이다.

정생이 형은 막돌 신부를 다그쳤다. 크고 거대한 산도 아니고, 멋있게 생긴 바위도, 돌도 아니고 '막돌' 이라니, 얼마나 교만한 호인가. 옳은 말, 좋고 멋있는 행동 다 하면서 내가 이렇게 사랑하는 세상을 등지고 떠나려하는데 그것을 가만 보고만 있다니, 당신은 세상일과 이웃들에 대해 방관자로 돌아 앉아 있지 않았다. 가깝다면서. 내 옆에서, 내가 숨이 넘어 가는 것을 보면서 나를 그렇게 쉽게 보낼 수 있느냐.

정생이 형은 막돌 신부의 어깨와 팔을 잡아 흔든다. 막돌은 난감한 표정이다.

정생이 형은 나무와 풀, 길가의 돌맹이 등 우주의 모든 존재를 사랑했다. 그 중 제일 사랑한 것이 사람이다. 옛날 한 집안에 한센씨 병에 걸린 사람이 있으면 환자를 요양원에 보내거나 숨기거나 격리시켰나. 시정에 따라 버리기도 했다. 그들은 인환의 거리가 그리워 따뜻한 남도 숲 속에 엉켜 살면서 모진 목숨을 이어갔다. 나라의 행정체계가 갖춰지면서 요양원 제도가 생겼지, 그 전에는 천형을 받은 죄인이나 다름없었다. 그런데 정생이 형은 그렇지 않았다. 그는 한센씨 병에 걸린 처녀를 산을 넘게 하고 내를 건너게 했다. 또 산을 넘게 했다. 정생이 형은 그 처녀를 움막에서 그냥 살게 내버려 두지 않았다. 장마당에 굴러다니던 장돌뱅이 청년과 사랑하게 했다. 장돌뱅이 청년과 한센씨 병에 걸린 처녀는 서로 사랑했다. 그들은 인환의 거리에 다시 나타나지 않았다. 그들이 떠난 자리에는 복사꽃이 아름답게 피었다. (한티재 하늘) 작가는 두 사람이 행복하기만을 바랬다.

권세와 부를 축적한 사람들이 사람을 마음대로 다스리던 시대의 이야기다. 한 여인이 권세가의 집에서 일생을 종살이 하고 있었다. 그녀에게는 곱게 키우고 있는 딸이 하나 있었다. 딸은 장성해 봐야 종년이 될 수밖에 없는데도 건강하게 성장했다. 어머니는 처녀티가 나는 딸을 데리고 집 밖으로 나갔다. 딸에게 생활과 자유를 주기 위해 강가로 나갔다. 집과 마을을 벗어나려면 강을 건너야 했다.

겨울이었다. 강은 두껍게 얼어 있었다. 어머니는 얼음을 깨고 그 곳에 구멍을 냈다. 사람 몸이 하나 드나들 수 있는 구멍을 냈다. 어머니는 딸의 신발을 벗겨 얼음 구멍 옆에 가지런히 놓았다. 그리고 자기 신을 벗어 딸의 발에 신겼다. 그리고 들고 나온

봇짐을 딸의 손에 들려주고 강을 건너 먼 곳에 가서 살라고 손짓했다.

뒤도 돌아보지 않고 가라고 타일렀다. 딸은 뒤도 돌아보지 않고 세상으로 달려 나갔다. 어머니는 얼음 구멍 속으로 들어갔다. 차디 찬 겨울 바람은 어머니가 들어 간 구멍을 얼음으로 막았다. 황량한 강, 넓은 얼음 판에는 짚신 한 켤레만 남아 있었다. (한티재 하늘) 정생이 형은 이 세상 사람들을 그렇게 사랑했다.

죽음이란 이 세상 사람들과의 이별이다. 다시 볼 수도 만날 수도 없다. 그래서 슬픔이고 고통이다. 아프고 흩어지는 육신을 지상에 버려두고 영혼만 하늘 나라로 올라가 행복하게 사는 자유스러운 삶의 출발이 아니다. 병들고 구겨진 육신이지만 그는 육체를 사랑했다. 그래서 지상에서 하늘 나라로의 이행이 달가운 것만이 아니다. 이별은 고통이다.

그런데 지상의 온갖 만사를 꿰뚫고 다 참견하는 막돌 신부는 정생이 형의 괴로움에 대하여 외면하고 점잖은 체, 애써 태연을 가정하고 있다.

"사람이 그러면 못써. 당신 나빠."

북산은 키가 크고 몸집이 좋다. 개량 한복까지 착용하고 다니니, 영락없는 임꺽정이다. 자리에서 벌떡 일어나 막돌 신부를 누를 듯한 자세를 취한다. 막돌은 진짜 큰 바위에 눌린 막돌이 되어 버렸다. 정생이 형이 강신하려면 막돌에게 해야지. 왜 북산에게 했을까라는 생각이 들었다. 그래야 비례가 맞는데 북산하고는 어울리지 않는다. 비례대로라면 이오나, 막돌, 젊었지만 철수에 가깝다.

북산과 내가 정생이 형을 알고 지낸 지도 사십여 년이 되어 가고 있다. 북산은 서울에서 목회하지만 일주일에 한번씩 전국 산하를 누빈다. 가끔은 히말라야를 비롯해 외국 산까지 가서 오른다. 그렇게 넓고 높게 돌아다니면서도 한번도 그의 삶에서 정생이 형에 대한 염려가 떠난 적이 없다. '한티재 하늘' 등장 인물들의 얽힘과 뒤번복을 잘 감긴 실타래의 실과 같이 정리해서 주보에 옮겨 쓴 기간이 삼년. 한번도 싫은 내색 않고 형의 짜증을 받아주는 북산 말고 형이 갈 데가 어디 있겠는가. 예민해서 노여움도 곧잘 타는 정생이 형은 임꺽정같이 장대하고 어린아이같은 심술을 잘 부리는 북산을 특별히 좋아했다. 북산은 정생이 형에게서 교통비도 얻어 쓴 적이있다. 그러니 하늘로 가는 길에 북산에게 들리지 않고 뉘게 의지하겠는가.

막돌은 앉은 자리에서 벼락 맞은 꼴이고 난 어정쩡한 자세고, 젊은 사람들도 딱히 할 말을 찾지 못하고 있었다. TV 화면으로 늦은 밤 연속극 등장 인물들이 떨면서 지나고 있었다.

북산의 막돌을 향한 다그침은 절정을 향해 치닫고 있었다.

"잘난 체 하면 다야? 해결도 못하는 주제에…."

정생이 형은 세상에 살아 있는 생명체를 비롯해 의미없는 듯 자리를 차지하고 있는 모든 존재들을 사랑한다.

집 앞의 잡초를 가르키며 이거, 서양풀이다. 우리 나라 풀들은 밀려나 자랄 곳이 없는 기라. 겨울, 바깥이 추워 이불 속으로 파고 든 생쥐를 내어 쫓지 못하고 함께 산 이야기는 유명하다. 장애아와 더불어 몇 개월 살고, 길 잃은 그 아이를 찾아 다닌 이야기도 알려졌다. 그는 세상의 모든 것을 사랑했다.

요즘 글 쓰는 젊은이들 말이야. 문장이 말이 아니야. 그게 무슨 말이고, 문장이야? 채만식, 이무영, 염상섭 문장 한 번 읽어봐라. 얼마나 아름답고 수려한가. 그는 다듬지 않은 서민들의 언어를 사랑했다. 강과 산자락에 사는 무지랭이들의 자음과 모음을 고스란히 안고 작품을 빚었다.

소년기는 길거리에서 뒹굴며 산 삶이었다. 장년기에는 병마에 시달리며 산, 어찌보면 자긋 지긋한 삶을 살았다.

그런 삶과의 이별이다. 육체의 고통으로부터 벗어나는 해탈이다. 죽음을 환영할 수도 있다. 춤을 추며 하늘 나라로 갈 수 있다.

정생이 형은 플라톤의 애지자보다 더 청빈하고 고귀한 삶을 살았으니, 죽음을 환영할 수도 있었을 것이다. 그러나 정생이 형은 돌을 비롯한 우주의 모든 존재와 생명체를 사랑했다. 그래서 이별이 슬프고 쓰리다.

3월 12일 콩팥에서 피가 쏟아져 나왔다. 뭉퉁한 송곳으로 찌르는 듯한 통증이 형을 괴롭혔다. 아무도 대신 할 수 없는 통증이 그의 육신을 괴롭혔다. 지긋지긋한 그 순간 그는 상상한다. 꿈을 꾼다. 만약 죽은 다음 건강한 몸으로 환생한다면 스물 다섯에, 스무 세 살 쯤 된 처녀를 만나 사랑하고 싶다고. 아, 찬란한 생명이여, 떠나기 싫은 세상이여. 정생이 형은 무너져 내려 흩어지는 육체를 부둥켜 안고 하늘 길 길목에서 세상에서 떠나기 싫다고 목 놓아 심술을 부린다. 밤새 비에 시달리다 아침 햇살을 받아 푸르게 빛나는 나뭇잎과 한티재를 넘어 온 훈훈한 바람, 산중턱 소나무 가지에 걸터앉아 쉬고 있는 왜가리, 뽕나무 아래서 똬리를 틀고 있는 구렁이, 논두렁의 개구리, 궁둥이를 실룩거리며 수다 떠는 아낙네들, 술꾼들의 왁자지껄한 웃음소리 언제까지나 함께 호흡하고 더불어 살고 싶은 이웃이다.그런데 지금은 헤어져야 한다. 이별해야 한다. 떠나기 싫고 싫은 사랑하는 세상이여…. 아무 말도, 행위도 할 수 없이 엉거주춤 서 있는 나를 거들 떠 보지 않고 막돌 신부를 다그친다. 때릴 자세다.

야산과 김민해 목사에게 북산을 모시고 나가라고 했다. 북산은 슬픈 눈으로 방을 둘러 보고 밖으로 나갔다. 여관 지층으로 내려간 북산은 이오가 그랬던 것처럼 안동의 어둠 속으로 사라졌다.

방에는 막돌과 나만 남았다. 막돌 신부에게 엉뚱한 이야기 몇 마디 하고는 잠이 들었다.

5월 21일 강정규 형을 만났다. 안동에 다녀온 얘기를 하며 상례식에 다녀 왔느냐고 했다. 못 갔다면서 가슴을 가르켰다. 지난 학기부터 강 형은 심장을 앓고 있다. 심장에 통증을 느껴 안동에 가지 못했다고 했다.

어린이 신문에 기고한 시 한편을 내게 건냈다.

이제, 당신이 안길 차례입니다.

강정규

2007, 5 · 18 하루 앞두고
56년 만에 통일 기관차 휴전선 처음 넘던 날
당신 민들레 홀씨 되어 홀연히 우리 곁을 떠났습니다.
어머니 사시는 그 나라에는
염구리 고름 주머니 떼어 버려도 되겠지요.
부디 이제 어머니 품에 안기소서

사람들 하찮게 여기는 것 귀하게 여기고
사람들 귀하게 여기는 것 하찮게 여기고
이 땅에서 당신, 가장 낮고 천하게 사셨으므로
가장 높고 귀했습니다.
사람들 좋아하는 것 단호히 뿌리치고
사람들 피하는 것 품 열고 받아들이며
사시사철 무르팍 나온 싸구려 바지, 검정 고무신 신고
빌뱅이 언덕 밑 흙집 마당
개구리 풀꽃이며 메뚜기 지렁이까지 친구였습니다

여기서 당신, 상 타지 않았으므로 거기서
받을 상이 크고,

누구보다 아팠으므로 이제 거기서 위로 받을 차례입니다.
여기서 당신, 충분히 슬펐으므로
외로워 울었으므로 누구보다
가난하였으므로 거기서 마땅히 풍요를 누리소서.
그래야 우리가 위로를 받습니다

살아 이 땅의 어린이들 살찌우고,
죽어서 재 되어 이 땅의 나무 거름 된다 하셨지요.
여기서 당신, 엺구리 고름 주머니 차고
매일 조금씩 자신을 죽여가며
우리네 젖줄 되어 먹이셨으니 이제
어머니 사시는 그 나라에서는 당신이 젖먹이
아기 되어 부디 어머니 품에 안기소서.
이제, 당신이 맘 놓고 안길 차례입니다.

〈2007년 5월 17일 깊은 밤에〉

무엇하나 건드리지 않고 세상 건너기.

그는 산과 계곡의 단풍을 자주 보았지만, 그 해(1957년) 백담계곡의 단풍만큼 아름다운 비경을 본 적이 없다고 했다.

가볍게 바람에 날리는 나뭇잎은 햇살을 받아 발그레하게 물들고 녹색을 잃어 가는 후미진 곳의 앉은뱅이 나무들의 잎사귀는 연둣빛인데, 계곡 중턱의 단풍잎들은 마음껏 붉게 타오르고 그 뒤의 무거운 잎사귀들이 푸르디푸른 하늘 아래서 빛나고 있었다. 그늘에 가려 검붉게 보이는 산 중턱에서 날아오른 까마귀는 햇빛 속으로 날아가는데. 그 아름다운 풍경을 안고 있는 계곡의 맑은 물은 이 세상에서 가장 아름다운 비경이었다고 그는 말했다. 그는 시인 이성선.

그와 나는 어릴 때 만났다.

읍에는 조그만 책방이 하나 있었다. 문계서점이라고 했는데, 읍과 이웃 농어촌에 사는 학교 교사를 비롯한 지식인들이 서점으로 드나들었다. 나는 중학교 국어교사의 소개로 학교가 끝나면, 서점을 지키는 일을 했다.

오후의 서점은 한가하고, 가끔 지나다니는 사람들이 잡지 한 두 권을 사갈 뿐이었다. 중학생인 나는 서점에 우두커니 앉아 있기도 뭣해서 책을 꺼내 읽기 시작했다. 뜻도 모르고 꽤 많은 책을 뒤적거렸다고, 포만감을 느낄 만했을 때, 이웃 학교의 내 또래의 학생이 매일 서점으로 찾아들어, 한쪽 구석에 서서 책을 읽고 있는 것을 발견하게 되었다. 그의 몸은 매우 가벼웠다. 거기 서 있는 듯하다가는 곧 사라져버리곤 했다. 나는 그를 무겁게 여기지 않았다. 그의 존재를 의식하지 않았다는 뜻이 아니라, 그는 그 자리에 있었으나 없는 듯이 바람과 같이 문을 열고 들어와 아무에게도 방해가 되지 않게 책을 꺼내 읽다가 소리 없이 나가고 마는, 의식하지 않아도 되는 그런 소년이었다. 주말에는 오지 않았다. 나는 언제부터인가 그가 서점에 나타나지 않으면 그를 기다리고 있는 나를 발견하고 놀랄 때가 있었다. 핏기없는 창백한 얼굴인데, 눈빛은 푸르스름하게 빛나고 있었다. 목례를 하고, 등받이가 없는 의자도 갖다 주는 사이가 되었다. 읍에서 초등학교를 나오지 않고 다른 곳에서 이곳 중학교로 온 아이임을 알 수 있었다.

그때 나는 헤르만 헤세의 「지성과 사랑」이라는 소설을 읽었는데 뜻은 잘 모르면서 감동하고 있었다. 그때 서점주인 몰래 문고판 그 소설을 소년에게 빌려주면서 책을 깨끗이 읽고 갖다 달라고 했다. 책을 든 그의 얼굴은 금방 밝아지는 것 같더니 붉게 물들었다. 그는 신이 나서 뒷걸음치며 서점을 나갔다.

그 소년이 성선이었다. 우리는 1년도 더 지나서 고등학교에서 만났고, 그와 나는 한 책상에 나란히 앉아서 공부했다.

그 후 매우 가깝게 지낸 사이인데, 한 번도 미리 연락하고 찾아오거나 간 적이 없었다. 있으면 그만이고, 없으면 할 수 없는, 그래서 헛걸음치는 경우가 더 많았지만, 하룻길을 멀다 않고 찾아가고 온 지가 사십여 년이 넘었다. 그리고 시골에서 함께 살며 정진홍, 이현주, 최완택, 권정생 선생과 함께 조그만 소식지를 내자고 기획도 세웠다.

2001년 5월 2일(수요일)

저녁 수업하기 전에 학과실에 들렀다. 조교가 컴퓨터 앞에서 목례를 하고, 두서너 명 되는 학생들이 의자에서 엉거주춤 일어선다. 그는 책가방 속에 손을 넣었다 빼고 있었다. 손에는 작은 떡 덩어리가 있었다. 그는 떡 덩어리를 입에 넣으며 저녁을 먹는다고 했다. 지난 40여 년 동안 그와 친하게 지내며 잠도 자고 산도 오르고 장난도 치고 밥도 같이 먹었지만, 학생들 틈에 앉아 혼자 떡을 씹는 그의 모습은 상상할 수도 없었다. 항상 고고하고 단아하게 처신하는 그와는 어울리지 않는 모습이었다.

"여기서 무슨 밥이야?"

"시간이 없어서……"

이제까지 그의 습관은 배가 고프면 참았다 강의 끝난 다음 식사하는 편이었다.

"지금 어디서 오는 거야?"

"어제(5월 1일 화요일), 초파일이었지. 신흥사에 갔어. 친구들, 시인들, 큰스님과 긴 이야기하고 오해 같은 건 풀었어."

"잠은 어때?"

"안정제를 먹고 좀 잤어."

그때 마침 장원재 교수가 들어왔다.

"장 박사, 양재동 여 집사님 집에 다녀온 적이 있지?"

장 교수는 갑자기 무슨 소리냐는 듯이 내 얼굴을 빤히 쳐다본다.

"그럼 말이야. 내일 오후 시간이 어때?"

"약속된 것이 없습니다."

"좋아. 그럼 우리 이성선 선생을 모시고 집사님에게 좀 다녀와."

양재동 여 집사님은 나도 잘 모르는 분이다. 다만, 같은 과에 있는 조성기 교수가 쓴 「내 영혼의 하얀 백야」라는 책을 읽고 치유의 능력을 갖추고 있는 분이라는 정도만 알고 있다. 조성기 교수는 불면증으로 사경을 헤매다 양재동 여 집사님의 치료를 받고 잠을 잘 수도 있었다고 했다.

이성선 교수도 몇 주 전부터 불면증에 시달리고 있다고 했다. 나는 그의 불면증 병역에 대해 잘 알고 있었다. 고등학교에 갓 입학해서 영랑동 바닷가에서 하숙했는데, 밤마다 모래사장으로 밀려드는 파도 소리에 질려 불면증에 시달려 병을 얻었는데, 결국 1년을 넘기지 못하고 시골집으로 돌아가고 말았다. 2학기부터 그는 보이지 않았다. 그는 불면증 때문에 학교에 나와 시험만 치고 집에서 쉬고 있었다.

그런 불면증이 재발했다니 걱정이 되었다.

5월 3일(목요일)

시인 이성선은 고성, 양양 지역에서 교편을 잡고 있었다. 만나면 학생들에 대한 이야기보다는 문학과 종교에 대하여 더 많이 시간을 보냈다. 그는 자연에 대하여 깊은 관심을 보이고, 나는 인간과 삶의 조건에 대하여 초점을 맞추는 리얼리스트였지만, 각자의 세계를 존중하고 있었기 때문에 논쟁 같은 것을 한 기억이 없다. 그의 시가 사회성을 결여하고 있다는 언급에 대해 그는 쓰게 미소를 지을 뿐이었다. 수복지구에서 월북자의 아들로서 시를 쓴다는 것이 얼마나 험한 길인가에 대해 모르는 사람들의 소리였다.

명퇴로 교직 생활을 마치고 그는 원주의 토지문학관 관장으로 자리를 옮겼다. 그의 순수한 삶의 자세와 높은 시 세계를 눈여겨본 박경리 선생의 배려였다. 나는 숭실대학교에서 문예창작학과를 개설하고 처음부터 그를 교수로 모시고 싶었다. 어릴 때부터 언젠가 함께 일하자는 약속을 떠나서라도 그의 시 세계와 학생들을 지도하는 성실한 태도로 보아 우리 학과에 꼭 필요한 사람이었다. 그러나 요즘 기독교 대학들은 교수를 모집할 때 '기독교 신자' 로 한정 짓고 있다. 숭실대도 옛날에는 양주동 선생이나 이효석 선생이 교수로 재직했는데, 요즘은 수세증명과 교회출석 증서를 제출하게 되어 있다. 나는 이성선을 오라고 말할 수 있는 입장이 아니었다. 우리는 서로 종교인으로 관계를 유지하지만, 세상은 그를 불교인으로 알고 나 또한 기독교인으로 분류하니. 우리 또한 애써 그러한 카테고리에서 벗어나기를 원하지 않고 있었다. 그러한 그에게 수세증서를 가져오라고 할 수는 없었다. 그래서 그런 서류가 필요 없는 겸임교수로 발령 내고, 기회를 봐서 석좌교수나 특임교수로 대접하는 것이 예의라고 생각했다. 그는 속초에서 화요일에 상경하여 오후 강의를 하고 수요일 오전에 강의를 마치고 저녁때 속초로 내려갔다. 학생들에게 시론과 시 창작을 강의한 지도 세 학기가 되었다.

수업이 저녁 6시부터 있는 날이다. 낮에 시내에 들렀다 일을 보고 학교에 나가면 된다. 그러나 불면증에 시달리고 있을 그를 장 교수에게 맡기는 것보다 내가 직접 나서야겠다는 초조감이 들어 전화를 걸어 약속을 취소하고 학교에 나가 그의 수업이 끝나기를 기다렸다. 그의 수업은 오전 11시부터 오후 2시까지니까, 늦은 점심을 함께하고 차를 몰고 양재동 집사님 집으로 가는 것이 낫겠다고 생각했다.

차를 그의 강의실에서부터 가장 가까운 주차장에 세워두고 수업이 끝나기만을 기다렸다.

오후 2시가 조금 지나 그가 장 교수와 내 연구실로 왔다. 그는 지치고 피곤해 보였다. 그는 혼자 점심을 먹었다고 했다.

"그래, 그럼 나와 양재동으로 가. 차도 준비해 놓았어."

"아냐, 오늘은 그냥 내려가고 다음에 가기로 해."

"그렇게 미적거려서는 안 돼. 같이 가."

"오늘은 안 돼. 네 시 표를 사 놨어."

지친 표정 속에서도 가지 않겠다는 확고한 의지를 보이고 있어 더 이상 권하지 않았다.

"종교 때문에 그래?" "아냐, 그런 뜻이 아니야. 오늘은……"

"강의는 안 해도 돼. 학기 중에라도 학생들에게 양해를 구해도 되고, 2학기에는 대강시켜……"

그런 나의 제의에 그는 아무런 반응을 보이지 않았다.

"나 5월 5일에 속초가. 그때 전화할게."

그는 내 말에 대답도 않고

"열심히 가르치지 못해 학생들에게 미안해……"라고만 했다.

그는 자기 때문에 점심을 거른 내 걱정을 했다. 시간이 2시 30분을 지나고 있었다.

"전철 타고 강변역까지 가려면 지금쯤 가는 게 낫겠어."

그와 장 교수, 나, 이렇게 셋이서 학교 후문으로 나와 전철역으로 향했다. 그는 두 번인가 우리를 보고 돌아서 들어가라고 했지만, 난 마음속으로 그를 배웅해야겠다고 결심했으므로 그의 말을 듣지 않았다. 우리는 전철역까지 천천히 걸어갔다. 그는 지하도 첫 계단을 밟고 있었다. 그리고 곧 내 시야에서 사라졌다. 다음 수요일에 또 만날 터이지만 허전했다. 저녁에 그가 시골집에 도착했을 때쯤, 전화를 넣을까 하다 그만두었다.

지난 4월 26일부터 학생들과 2박 3일간 남해안 문학 답사를 다녀왔다. 그를 보고 답사에 참여해달라고 제의했다. 그는 27일에 병원에 가야 한다고 했다. 종합진단결과가 그날에 나온다고 했다. 28일, 답사에서 다녀오자마자 전화를 넣었다. 신경이 과

빈한 것 외에는 별일이 없다고 했다.

5월 4일(금요일)

오후 1시 30분께, 연구실 전화벨이 요란하게 울렸다. 좀처럼 그치지 않고 계속 울렸다. 전화벨 소리의 요란함, 화급한 떨림, 나는 전화를 통해 다가설 큰 파도를 감당하고 싶지 않았다. 내 앞으로 다가설 피하기 힘든 불행을 전하는 사자 같은 전화를 받을 수 없었다. 두 번인가 세 번을 또 그렇게 울리던 전화벨 소리는 잠잠해졌다. 오후 3시에 다시 전화벨이 울렸다. 이성선과 내가 속한 모임의 총무였다. 시인이 사망했다는 것이다. 아니 이럴 수가. 다시 5시에 전화가 왔다. 그의 부인이 그가 저세상으로 갔다고 확인시켜 주었다. 갑자기 스승을 잃은 학생들이 캠퍼스 이곳저곳에서 울기 시작했다.

5월 5일(토요일)

평소에 그를 따르던 학생 40명과 아내와 딸 지성이, 이렇게 마흔세 명이 빈소인 속초의료원으로 향했다.

그날 밤, 장석근 목사가 인도한 추모 모임에서 내게 이 시인에 대하여 이야기할 수 있는 기회가 주어졌다. 이 시인의 죽음은 영동지역과 우리나라 시단의 하나의 사건이었다. 그의 사생관에 대해 막연하게나마 느껴지는 생각을 정리하느라 애썼는데 의미가 제대로 전해지는 것 같지 않았다.

이 시인은 속초에 눌러앉아 시나 쓸 일이지, 토지문학관장이나 대학교수가 되어 서울로 오르내리는 행위 자체가 그를 병들게 했다고 비판하는 사람들이 있었다. 그들은 이성선이를 모르는 사람들이라고, 나는 자신 있게 말할 수 있다. 이성선 시인에게는 내면에 깊이 숨기고 다니는 바람기가 있다. 그가 고등학교 때 휴학하고 동루골에 있을 때, 하루는 속초 시내에서 그의 동생 현우를 만나 형의 안부를 물었다. 형이 인근 마을 처녀 총각을 모아놓고 연극을 한다는 것이었다. 나는 십여 킬로 이상 되는 그의 마을로 시적시적 뛰어갔다. 울산바위로 해가 지기 시작했다. 그는 마을 공터에 무대 장치를 하고, 배우들의 얼굴에 분칠하고 있었다. 그는 신파극 '월하미인'을 직접 쓰고, 연출까지 했다. 저녁 햇살을 받은 그의 볼은 붉게 타고 눈은 파랗게 빛나고 있었다. 그날 밤, 그는 황홀경에 빠진 샤먼같이 무대 위로 오르내리며 신 나게 연극을 진행했다.

2000년 정월에 평소에 그와 그의 시를 좋아하는 친구들과 부산에 다녀왔는데, 그는 새마을호 열차 칸에서 인도와 네팔 이야기를 두세 시간 계속했다. 그의 말에 귀 기울이고 그의 눈동자를 주시하는 친구들 앞에서 그는 네팔의 자연과 인도인들의 삶에 대하여 섬세하면서도 깊게 이야기했다. 열차 칸에서의 그의 눈빛은 어릴 때, 연극을 하던 때의 푸른 빛 그대로였다. 그는 신명 또는 바람기를 지니고 미지의 세계로 넘나들며 살 때, 가장 행복해하는 사람이었다.

죽음의 세계는 미지의 세계다. 그는 아시아의 어머니 갠지스

강에 몸을 씻고 지구의 지붕 위를 걷는 등 미지의 세계를 드나들었다. 탄생이 어머니의 몸을 통과하듯, 죽음 역시 장례식이라는 통과의례를 거쳐 또 하나의 세계로의 전이이다. 그의 바람기가 그를 이 지상에 묶어 두지 않고 또 하나의 세계로 나들이가게 했다. 이제 그의 몸은 지상에 묶여 있지 않고 우주로 돌아갔다. 나는 성선이가 고통과 속박이 없는 세계에서 더 많은 시를 쓰기 바란다고 했다. 대략 이런 말을 하려고 했는데, 혀가 굳어지고 감정이 고르지 못해, 뜻이 제대로 전해지는 것 같지 않았다.

5월 6일(일요일)

어릴 때, 그는 항상 자기 마을을 하늘 밑 첫 동네라고 했다. 금강산 신선봉 아래, 그의 마을 동루골에서 노제를 지냈다. 그리고 화장터로 향했다. 불 속으로 들어가는 그를 향해 부인 최영숙 여사는 "저세상에서는 친구를 많이 사귀어 외롭지 마라." 고 했다. 그는 아들 지현과 찬현, 동생 현우의 품에 안겨 백담계곡으로 갔다. 그리고 하늘의 뿌리인 산을 품고 있는 물속으로 조용하게, 가볍게 내려앉았다. 그는 이런 시를 썼다.

나 죽어
이 세상에서 사라진다 해도
저 물 속에는
산 그림자 여전히 혼자 뜰 것이라.

「나 없는 세상」

시인 이성선(李聖善)은 그렇게 세상을 떠났다.

이성선은 1999년에 펴낸 시집 「산시(山詩)」서문에서 이런 말을 했다.

'무엇하나 건드리지 않고 세상을 건너갈 수는 없을까? 요즘은 이것이 내 작은 꿈의 하나이지만 이 또한 얼마나 큰 욕심인가. 구름은 이런 생각 없이도 밟으면서 산이 깨끗해지고 풀과 나무와 사람이 맑아진다. 그 길의 비결이 무엇일까.'

무엇하나 건드리지 않고 세상을 건너갈 수는 없을까? 라고 했지만, 그는 산과 물이 되어 우리 곁에 있다.

랜드로버

연극이나 음악회 공연장에서 휴대전화 신호음 소리가 사라진 지는 이미 오래되었다. 그러나 아직 전원을 끄지 않고 공연장으로 들어와 타인의 감상을 방해하는 사람들이 있다.

학교 수업시간에 휴대전화를 끄지 않고 들어오는 학생은 거의 없다. 가끔 진동 때문에 교수의 눈치를 보며 전화를 받는 학생들이 보일 뿐이다. 공부라는 것은 지하실의 작업인데 저렇게 오고 가는 전화를 다 받으며 할 수 있는 것일까? 젊은 세대는 할 일 다 하면서도 충분히 집중할 수 있나는 것이 학생들의 말이다.

우리는 그때 매우 가난하고 또 불편했다. 가족과 헤어져 외국에서 공부하는데 전화하기가 그렇게 힘이 들었다. 숙소에서 전화기가 방마다 있는 것이 아니었다. 현관 입구에 공중전화 하나 있는데 요금이 보통 비싼 것이 아니었다. 한두 끼의 점심은 걸러야 한국에 있는 집에 전화할 수 있는 시대였다.

결국은 돈과 전할 사연을 모아두었다가 연말에 가서 서울 집에 전화하게 되는데 지금 생각하면 기가 찰 일이다. 스웨덴 웁살라 C선생 집에서였는데 경제학부 박사학위 과정에 계시던 C선생은 내가 전화하면 스톱워치를 들고 옆에서 초침과 분침을 들여다보고 있었다. 한 통화에 3분이 넘으면 초과 요금을 내야 했다. 전할 사연도 다 못 전하고 통화가 한 통화 안에 끝이 나면 얼마나 억울한 일인가. 그러한 이유에서 C선생은 시계를 드려다 보며, "조금 남았습니더. 더 해도 괜찮겠습니더……." 우리는 그렇게 70년대를 넘어왔는데 젊은 세대들은 그런 노인들의 한이라도 풀어주듯, 전화기를 두드려 댄다.

자동차는 필요한데, 자동차는 살 수도 없고 유지비 또한 만만찮아 엄두도 못 내던 시절이었다. 소극장 운동한다고 만만한 배우 몇 명과 스태프 한 명 데리고 전국을 누비던 시절이다. 제주도와 강원도 인제, 양구까지 진출했는데 교통편 때문에 죽을 맛이었다. 70년대까지만 해도 우리나라 지방도로는 비포장이었다. 시외버스가 들어가는 곳은 그래도 양반이다. 시외버스 종점에서 내려 걸어서 한두 시간 더 가야 하는 곳이 많았다.

만사를 제치고 자동차를 한 대 사기로 했다. 아는 분의 소개로 영제 지프차 랜드로버를 사기로 했다. 연식이 이십이 년이 된 거라 고물이었으나 사람 나이 스물둘이면 한참 잘 팔릴 나이인데 사람으로 생각하고 랜드로버를 샀다. 나이야 어떻든 아프리카 밀림을 달리는 자동차, 코끼리와 사자와 함께 들판에서 우아하게 움직이는 자동차 랜드로버. 여섯 사람이 정원이지만 좁게 앉으면 일곱 명까지 앉을 수 있었다. 우리는 골칫덩어리 조명기에 의상 가방까지 차에 싣고 전국 골목을 누볐다. 휘발유 값이 문제였지만 그것도 자동차 전 주인이 잘 해결해 주었다. 휘발유로 움직이는 랜드로버의 옛 엔진은 다 뜯어내고, 대신 일제 이수수 디젤엔진을 얹어 놓고 다녔다. 이수수엔진은 나이 서른 살로 2차 세계대전 당시 말레이시아 정글을 누빈 경험이 있는지 강원도 산판 길에 접어들어야 제 실력을 발휘했다.

우리나라 자동차는 현대의 포니가 얼굴을 내밀기 시작할 때였다. 그때는 자동차도 출신별로 구분했다. 우리나라 차는 아라비아 숫자로 1,2,3등을 달고 다녔는데, 외국차는 무조건 0번을 달고 다녔다. 국적도, 상표도, 연식도 상관이 없었다. 외국 것이면 무조건 '0' 번이었다. 그러니 차체 거죽이 영국제 스물두 살, 엔진이 일제 서른 살인 랜드로버가 '0' 번을 달지 말고 다녀야 할 이유가 없었다. 우린 시골서 연극을 하는 재미 외에 랜드로버로 먼짓길 달리는 재미를 얹어서 전국을 누볐다. 랜드로버는 전경과 고등학생들이 탐내는 차다.

"아저씨 이 차 어디서 구했어요?"

"이런 차 살려면 어디 가면 돼요?"

고등학생들은 저보다 나이 많은 랜드로버를 정말 사랑스럽다는 듯이 쳐다본다. 시골길을 달리다, 서울에 들어서면 광화문 네거리의 교통순경은 차를 몰고 다니는 영우에게 편안함과 안정감을 줄 때가 많았다. 시골 국도나 도시 변두리에서 난폭하게 차를 몰던 운전자들도 적어도 광화문 네거리, 이순신 장군 동상 아래에 당당하게 서 있는 교통순경 앞에서는 고양이 앞의 쥐처럼 차를 조심스럽게 몰기 때문이다.

그것이 탈이었다. 영우는 광화문이 아득히 보이는 지점에서 긴장을 풀었다. 차는 지체없이 비틀거렸다.

순경은 긴 손전등을 흔들어 영우의 차를 세웠다. 그리고 차들이 다니지 않는 이순신 장군의 거북선 곁으로 오라고 했다. 영우는 어떻게 하면 이 위기에서 벗어날 수 있을까 하고 곰곰이 생각해 보았다. 뇌물, 아니야, 그것은 통하지도 않을 거고, 그러면 뺑소니칠까? 그것도 안 될 것 같았다. 순경은 십여 미터 뒤에 백차까지 대기시켜 놓고 있었다.

백차가 없다고 해도 영우의 차로는 뺑소니 같은 것은 상상할 수도 없는 일이었다. 영우 차는 나이 스물둘이라서 최고 속력으로 달려봐야 팔십 킬로 이상 속력을 낼 수가 없다. 어젠가 강화도 전등사에 가다가 도중에서 고장이 나 견인차에 끌려서 서울로 왔는데 그때는 구십 킬로 이상의 속력을 낸 일은 있었다. 그렇지만 그것은 어디까지나 견인차의 힘이지 영우 차가 자력으로 낸 속력은 아니었다.

그런 차를 타고 감히 도망갈 궁리를 해본 것은 그만큼 그가 위기의식을 느꼈기 때문이라고 할 수 있다.

긴 순회공연을 마치고 서울로 돌아오는 길인데 그만 춘천에서 막국수와 돼지고기를 곁들여 소주를 마신 것이 탈이었다. 단원들을 내려주고 이순신 장군을 보고 긴장했으면 될 일인데, 긴장을 풀어 버렸으니, 이순신 장군의 후예인 현명한 교통순경이 영우의 차를 잡는 것은 당연한 일이었다.

"한잔 하셨죠!" 순경은 자신있게 말했다.

영우는 생각해 보았다. 한잔이면 얼마나 좋은가? 대략 손꼽아 보아도 이 홉들이 소주 한 병은 족히 마시지 않았던가.

"면허증 좀 봅시다."

그때였다. 섬광처럼 머릿속으로 스치는 것이 있었다.

"왓앗?"

순경은 적이 놀라는 표정이었다.

"와트라니, 가만있어 보자. 이거 어느 나라 차야?"

순경은 손전등을 가지고 자동차 앞으로 가 머리를 숙이고 번호판을 보았다. 그리고 다시 운전석 옆으로 와서 손전등으로 영우의 얼굴을 비춰 보았다.

"차는 번호가 0번이라서, 외교관 차 같은데, 어느 나라 놈인고?"

"왓앗?" 영우는 다시 한 번 능청을 부렸다.

"태국놈이가, 베트콩이가. 마, 면회증 내 좋으소"

영우는 입을 꾹 다물고 아무말 않했다. 경찰은 다시 자동차 번호판을 유심히 보았다.

"외국놈인 갑다. 제기랄 고고"

"고?"

"그래 고다."

"오게이!"

영우는 등에서 땀이 흘렀지만 우아하게 차를 앞으로 뽑았다. 1980년 봄, 이순신 장군의 동상 아래서였다.

야만의 삽화 1

상호는 아버지가 시키는 대로 밭으로 향했다. 일요일에 친구들 따라 바닷가로 놀러가는 것도 아니고 운동하기 위해 도장으로 향하는 것도 아니고 밭에 가서 감자순을 심으라니, 발걸음이 무거웠다.

어제 아침만 해도 기대에 차있었다. 고등학교에 입학해 시작한 유도가 신기하고 재미있어 열심히 했는데 이학년에 진급하자마자 양양에서 시합이 있다니 어떻게 기대를 하지 않을 수 있겠는가. 양양경찰서 도장에 도착하니, 대련을 할 강릉농고 학생들과 양양고등학교 유도부원들이 기다리고 있었다. 일반적으로 유도시합하면 학교대표 몇 명씩 나와 대련을 해서 승패를 결정짓는 것이 상례였다. 상호는 일학년이었기 때문에 한 번도 학교대표로 뽑히지 못했다. 그런데 어제는 일반적인 유도 시합이 아니었다.

체육교사들이 회식을 하다 정한 시합규정인 모양이었다. 각

학교 대표 십여 명을 줄을 세워놓고 한 명씩 상대하는 시합이었다. 이기는 선수는 질 때까지 대련할 수 있고 지는 측에선 새삭새 선수를 출전시켜야 되는 이상한 시합이었다.

상호는 두 번째였다. 상호 앞에는 같은 학년 같은 반 근일이가 섰다. 성도 상호와 같은 박씨였다. 키가 조금 작아서 체육선생이 상호 앞에 근일 이를 세운 것 같았다.

상호는 근일이가 상대선수 한두 명 정도 해치우고 자기차례가 될 것이라고 예상했다. 그러나 근일이는 예측을 불허했다. 자기보다 머리하나 더 큰 강릉농고 선수 둘을 마구 메어쳤다.

"쪼꼬만 꼬마가 일치겠네" 양양고등학교 체육선생이 혀를 차며 지나갔다. 그때까지만 해도 상호는 급우 근일이가 세네 명은 남겨주겠지 기대를 걸었다. 그러나 근일이는 의리 없는 친구였다. 상대학교 선수 열 명을 혼자 해 치웠다.

"나쁜 자식, 자기 밥뿐 아니라, 투숙객들이 남긴 밥까지 다 처먹고 왔으니, 저렇게 힘을 쓰지." 상호는 근일이가 미웠다. 근일이는 시장입구 경북여관집 아들이었다.

힘도 못쓰고 온 상호를 데리고 밭에 이른 상호부친은 상호에게 감자순을 심으라고 했다.

고개를 들어 윗밭을 보니 커다란 개가 주둥이로 흙을 파고 있는 것이 보였다. 머릿속으로 이상하다는 생각이 스쳤다. 개라면 거름 두엄이나 쓰레기를 뒤질 터인데 웬 밭이야, 순간 개가 아니라 멧돼지라는 생각이 들었다. 산간의 멧돼지가 감자순을 캐어 먹고 있었다. 벌써 며칠 전부터 밭을 뒤지고 다닌다는 말은 아버지에게서 들은 터였다. 이놈, 너 한번 혼나봐라. 상호는 멧돼지 곁으로 급히 뛰어갔다. 상호가 뛰어오는 것을 본 멧돼지는 귀를 모으는 것 같더니 한두 발작 뒤로 물러섰다. 몸집이 상호와 비슷했다. 육십킬로는 되는 것 같았다. 상호는 멧돼지들이 지난여름 상호네 강냉이 밭을 절단 낸 기억을 하고 있었다. 멧돼지들이 두발 사이에 강냉이 대를 끼고 몸으로 누르면서 열매를 따먹는 것을 보아왔다.

"그냥 쫓아버려!" 아버지가 고함을 쳤다. 상호가 멈추지 않고 치달아 오자 멧돼지는 왼쪽으로 비껴서는 듯하더니 힘차게 뛰어 오르면서 머리로 상호의 옆구리를 받았다. 상호는 손 쓸새도 없이 밭고랑에 나가 떨어졌다. 흙은 부드러웠으나 옆구리가 아팠다. 상호는 슬라이딩으로 멧돼지의 뒷다리를 잡고 내동댕이 쳤다. 멧돼지는 상호 머리위에서 한 바퀴 회전하고 밭에 나가 떨어졌다. 상호는 틈새를 주지 않고 멧돼지의 옆얼굴을 걷어찼다. 겨우 머리를 든 멧돼지는 고개를 흔들며 정신을 가다듬는 것 같았다. 한쪽 눈에서 피를 흘리고 있었다. 벌린 입속에서 이빨을 보이고 있었다. 상호는 입을 피하며 턱을 또 공격했다. 그리고 다시 다리를 집어 들어 어깨와 팔로 하늘 높이 던져 올렸다. 땅에 떨어진 멧돼지는 슬금슬금 피하더니 산 쪽으로 도망가기 시작했다.

상호는 물러서지 않고 멧돼지 뒤를 따랐다. 아버지와 옆밭에서 일하던 분들이 소리를 쳤으나 상호의 귀에는 그들이 무슨 말을 하는지 들어오지 않았다. 범바위쪽을 향하던 멧돼지는 영랑호 상류에서 방향을 장천 쪽으로 돌리더니 개천으로 뛰기 시작했다. 개천의 돌은 매끄러워 쫓는 자와 쫓기는 자가 몇 번씩 넘어졌다. 멧돼지는 다리를 절기 시작했다. 상호는 자신의 몸을 점검했다. 옆구리가 약간 저려올 뿐 이상이 없었다. 물가의 돌맹이가 생각났다. 무기 없이 맨손으로 멧돼지를 잡는다는 것은 무리라는 생각이 그제야 들었다. 그러나 그것은 비겁하다는 생각도 동시에 들었다. 콩꽃마을 쪽에서 풀을 뜯고 있는 소에게 가니 소가 도망치기 시작했다.

장천 지나 화전마을로 접어드니 사람들이 보이지 않았다. 다리를 절며 눈에서 피를 흘리는 멧돼지가 뛰고 그의 뒤로 고등학생이 따를 뿐이었다. 쫓는 자와 쫓기는 자, 둘 다 외로워 보였다. 결국 멧돼지는 화엄사 아래 계곡에서 상호에게 잡히고 말았다. 커다란 바위에 한대 맞고 난 후였다. 상호는 콩꽃마을 어른들의 도움으로 멧돼지 다리하나 메고 집으로 향했다. 집에 오니, 역시 어른들이 멧돼지에서 제일 귀한 것이 쓸개인데, 쓸개를 가져오지 않는 놈이 어디 있느냐고 야단쳤다. 쓸개를 찾아 집으로 돌아오니 자정이 가까웠다.

●●●

야만의 삽화 2

팔십년대 초반이었다

가을이었다. 하늘에서 내려온 바람은 나뭇가지와 잎과 지붕에 걸려 처마 밑의 빨래와 걸레를 가볍게 스칠 뿐 무겁지 않았다. 오히려 길고 여러 갈래로 꼬인 골목길을 돌아 나온 바람들이 얽히고 설키면서 매섭게 흙먼지를 날렸다. 신발에 밟힌 낙엽들이 매끄럽게 발바닥에서 빠져나갔다. 지붕 위의 군용천막은 퇴색되고 판잣집 벽에는 지저분하게 철지난 포스터들이 붙어 있었다. 눈을 끌거나 흥미를 불러일으키는 포스터는 없었다. 특별한 상호 없는 포장마차로 영규네는 들어갔다.

"일차와 이차는 너네 샀으니까 이번엔 내 차례야. 아주머니, 우리 술 좀 주세요."

주모가 턱을 앞으로 빼면서 무슨 술을 들겠냐는 듯이 영규네를 건너다보았다.

"맥주와 소주, 안주는 닭똥집과 아나고 두 마리만 구워주세요."

주모는 이들의 테이블에 맥주와 소주를 올려놓았다. 그리고 오뎅 국물도 가져왔다.

"좀 더 근사한데로 가야하는데. 오늘은 간단하게 입가심만 하자."

"우리가 지금 고향에 온건 추석 성묘하기 위해서야. 술 먹으러 온 게 아니잖아?"

"너 고향이 여기였니? 이북이잖아?"

"그래, 맞아 이북이야. 하지만 거긴 갈 수 없고 할아버지, 아버지 산소가 여기니까. 고향으로 삼고 사는 거지."

"아주머니, 여기 맥주와 소주 더 주세요."

셋 중의 하나가 술을 더 시켰다.

"내일 산에도 가야하니까, 소주는 그만두고 맥주만 주세요."

"술은 소주야. 맥주는 심심해."

영규네보다 먼저 들어와 술을 마시던 젊은이들이 이쪽을 흘끔거리며 바라보았다. 옷차림이 아직 하복을 입고 있는 것으로 보아 여행 중이거나 외지에서 온 청년들은 아닌 것 같았다. 그들에게는 붙박이들의 여유가 있었다. 영규네를 미소를 띠며 바라보는 사람도 있었다.

"야, 여기서 이러고 있지 말고. 일차 더 가자. 노래방 어때?"

"노래방? 내일 산소에 간다고 했잖아? 오늘은 이만하고 헤어지자."

셋 중의 하나가 의자에서 일어서며 비틀거렸다.

"가만있어봐. 아주머니, 여기 화장실 어디 있어요?"

영규의 말에 포장마차 아주머니는 턱으로 문밖을 가리켰다. 영규와 의자에서 일어나 비틀거리던 친구가 밖으로 나가려고 문을 열었다. 찬바람이 그들의 얼굴을 때렸다. 정신이 번쩍 들었다. 밖은 어두웠다. 가로등은 꺼져 있었다. 다행이 달이 밝아 사위를 가늠할 수는 있었다. 포장마차 옆에 화장실이 있겠거니 살폈으나 화장실은 보이지 않았다. 포장마차를 한 바퀴 돌아도 화장실은 없었다. 포장마차 건너 골목에 커다란 베니다 문에 '벤소' 라고 쓴 글씨가 보였다. 달빛의 붉은 글씨는 희미했다. 반가워서 문을 재꼈다. 문이 열리지 않았다. 안에서 인기척이 났다. 끙끙 억지로 내는 콧소리였다. 한참을 서 서로의 얼굴을 쳐다보았다. 뾰족한 수가 없었다. 화장실을 먼저 차지한 쪽은 큰일을 보는 모양이었다. 문을 깨고 들어가 큰일을 보는 사람을 잡아낼 수도 없는 일이라서 참기로 했다. 맥주가 화근이었다. 참고 인내해도 나오는 소피를 막을 길이 없었다. 비틀거리던 친구가 애절한 목소리로 사정하기 시작했다.

"우린 둘인데 굉장히 급합니다. 빨리 좀 나와주세요."

눈물이라도 떨어뜨릴 듯 애걸했으나 안에서는 끙끙 헛기침뿐이었다.

먼저 결단을 내린 것은 역시 영규였다. 비틀거리던 친구도 영규를 따라 했다.

두 친구는 벤소라고 쓰여 있는 화장실 문을 향해 소피를 보기 시작했다. 화장실 안에서 고함소리가 터졌다.

"앗 뜨거워. 어떤 놈들이야."

시작한 일을 도중에 멈출 수도 없었다. 한참을 벤소 문을 향해 소피를 보았다. 한숨이 나왔다. 급한 불은 끈 셈이었다. 그때 화장실 문이 열리고 그 안에서 한 청년이 나왔다. 와이셔츠 차림이었다. 그는 뒷주머니에서 오른손으로 쇠붙이를 꺼내 높이 휘둘렀다. 달빛은 쇠붙이를 자세히 비춰주었다. 이발소 면도용 칼이었다. 화장실 안에 있던 청년은 이발소 면도사였다.

"내 오늘 니들 자지를 싹둑 잘라줄게!"

영규와 친구는 뒤도 돌아보지 않고 골목을 빠져나갔다. 달빛 아래의 삐에로였다.

야만의 삽화 3

21세기가 분명한데, 나는 가끔 착각을 일으킨다.

나와 함께 숨 쉬는 사람들의 남아선호사상 때문이다.

사공수산의 박영남 사장보고 사업을 확장할 계획이 없느냐니까 거침없이 아들도 없는데 사업은 확장해서 무얼 하느냐고 한다. 너무 절대적이고 단호하기에 더 이상 말을 붙이기가 미안했다.

돌감자 장학회의 박무웅 회장의 남아선호사상은 19세기 급이다. 장학회라는 평등사업을 하고 있으면 남여를 구별 말아야 하는 것이 상식인데, 박 회장은 네 자식 내 자식 구별 않고 남자 아이들만 귀여워한다. 그와 마주 앉으면 나는 숨이 막힌다.

시간을 역류해서 사는 기분이다. 하나뿐인 며느리가 손녀를 출산했는데, 축하의 말도 해주지 않고 중국으로 가출했다가 한 달 만에 나타났다. 그리고 오히려 심드렁한 표정이다. 아들 둘인 홍도형은 친손자 셋에 외손자까지 합치면 다섯이다. 그렇지 않아도 말씀이 길었는데, 이제는 말이 장황한데다 못해, 톤까지 높아져 손자가 없는 나를 주눅 들게 한다. 손녀가 둘인 네게 며느리보고 아들 하나 더 낳으라고 호통치라고 한다. 나는 홍도형이 내 며느리를 만나서 아들을 낳아야 된다는 말을 할까, 겁이 나서 애써 부딪칠 자리를 만들지 않으려고 애를 쓰고 있다.

눈에 넣어도 아프지 않을 내 손녀 둘을 낳아준 내 며느리가 건조한 목소리고 내게 말을 건 냈다.

"아버님요, 지는 부산에 안 갈렵니다."

"그라면 쓰나, 그래도 때마다 찾아뵈어야 제."

"부산가면 지어머니가요, 자꾸 아들 낳아야 된다고 성화라서예." 내 며느리는 여자 형제만 넷이다. 지난 추석에 며느리보고 부산 안 가느냐고 하니까, 심드렁하게 고개를 젓는다.

성묘 길에 백촌 김형준 씨의 집에 들렀다가 무방비 상태에서 공격을 당했다. 그는 내 며느리와 손녀들을 보더니 뜬금없이, 아들하나 더 낳으라고 했다. 시나리오나 대본에 없는 대사를 작가나 연출가의 허락 없이 신인배우가 한 셈인데, 그가 말한 장소가 공연연습장이 아니라 삶의 현장인 그의 집에서 그랬으니 삭제해 버릴 수도, 사고로 죽일 수도 없는 일이라 한참 서먹 거렸다.

인민공화국시대가 끝나고 수복지구가 된 속초는, 마을마다 고유한 이름으로 호칭되지 못하고, 아라비아 숫자로 구획이 지어지고, 구역마다 1구, 2구, 3구에서 4, 5, 6구로 호칭되던 시대가 있었다.

그때 4, 6구가 지금의 교동 일부를 점령하고 있었다.

교동 낙천양조장 앞으로 작은 개울이 남쪽으로 뻗어있는데 개울물은 청초호로 흘러들었다. 개울양쪽에 작은 집들이 처마를 맞대고 있었는데 그 작은집 작은 문을 밀치고 나온 사람들이 목청을 높여 인사를 하고, 역시 머리를 비집고 나온 개와 고양이가 눈을 흘기는 꼴을 쉽게 볼 수 있을 때의 일이다. 그 개울가에 사는 원산어머니는 울화가 치밀어 마음을 다잡을 수 없었다. 빨래거리를 펴고 방망이로 때려도 안정을 찾을 수 없었다. 어머니가 마음의 평안을 얻지 못하는 이유는 좀 길다. 6구 낙천 양조장 개울가의 원산어머니는 내 친구 영규의 모친이다. 영규는 우리와 같은 학년 동창생의 동생과 결혼했다. 아름답고 건강하고 얌전해 모두 다 부러워했다.

그때 결혼을 일찍 한 친구들은 갓난아기의 아버지가 되었는데, 첫 딸이 많았다. 딸의 아버지들은 첫 딸은 살림밑천이란 옛말로 섭섭함을 달래며 위로로 삼았다.

영규는 중앙시장입구 오석이네 알파약국 앞에 서서 왼손을 바지 주머니에 지르고 오른손을 흔들며 딸을 낳은 친구들을 비난했다. 영규의 아내가 아이를 낳았다. 딸이었다. 영규가 아들을 못 낳고 딸을 낳았다는 소문은 순식간에 영을 넘어 서울까지 이르렀다. 둘째도 딸이었다. 그 즈음 영규는 임지를 서울로 옮겼다. 이번에는 서울에서 동쪽으로 소문이 왔다. 셋째도 딸이라는 것이다. 그때 속초에는 딸만 세넷을 둔 친구들이 많았다. 김동광, 이주영, 구성룡, 김종영도 딸부자에 속했다. 이들에 대한 영규의 시선도 따뜻해지기 시작했다.

김동광은 넷째도 딸을 낳았다. 그것으로 끝이려니 했다. 영규부인이 넷째를 임신했다. 친구들 원산 어머니, 장본인 등 모두 기대와 희망으로 아들을 기다렸다. 뜬소문인지 사실인지 알길 없으나 점쟁이에게 가서 물으니 틀림없이 아들이라고 했다고 한다. 임산부의 배도 아들을 품고 있는 형태라고 했다. 모든 식구가 아들이길 바랐지만 원산어머니의 손자에 대한 바람은 상식선을 넘고 있었다. 어머닌 이번에 아들만 낳으면 딸 셋을 낳은 며느리와 아들에 대한 섭섭함도 다 잊을 수 있다고 생각했다. 그러나 뜻대로 되지 않는 게 세상일인가.

영규네 넷째는 딸 쌍둥이였다. 원산어머니는 기가 찼다.

물이 목구멍으로 넘어가지 않고 가슴이 저려왔다. 일이 손에 잡히지 않았다. 하늘이 하는 일을 사람이 어찌할 수 없지 하고 체념을 해도 잠이 오지 않았다.

"세상에 딸만 둔 집이 어디 한 두 군덴가. 괜찮아"하고 자신과 며느리에게 말하지만 둘째 아들 영규가 딸만 다섯 두었다는 사실에 대하여 납득하기 힘이 들었다.

그런데 6구 시장을 지나, 낙천양조장 들머리쯤에 사는 영규친구 동광이네 강옥선 여사가 아이를 가졌는데 배가 심상치 않다는 소문이 퍼지기 시작했다.

"그 깐 놈이 내 아들과 별 차이가 있을까"하고 느긋하게 생각하고 있던 원산 어머니 귀에 동광이네가 다섯 번 만에 아들을 낳았다는 소식이 들려왔다.

애써 섭섭함을 누르고 있던 원산 어머니는 부아가 치밀어 왔다. 화를 누르기 위해 청소도 해보고, 마당도 쓸었지만 마음을 다 잡을 수 없었다. 김동광은 나와 같은 학년이었는데 태권도를 열심히 해서 여학생들에 대한 관심이 없어 연애 같은 것은 할 줄 모르는 친구인줄 알았다. 그런데 어떻게 꼬셨는지 우리 동기생 여학생 중, 가장 건강하고 음전해 언제나 안정감을 주는 옥선이와 결혼했다.

강옥선 여사의 오빠는 우리가 고등학교 일학년 때 삼학년이었는데 규율부장에 축구부 주장이었다. 속초 6구 후생호집 딸, 강여사는 첫째에서 넷째까지 딸을 낳았다. 그리고 그것으로 끝이겠거니 했다. 그런데 또 아이를 가졌다는 소문이 들려왔다. 집념의 강 여사는 또 아이를 낳았다. 순산이었다. 아들이었다.

모교에서 교편을 잡고 있던, 동광이는 아들을 낳은 기쁨에 땅위를 걸어 다니는 게 아니라, 날아다니는 기분이었다. 그날도 학교수업을 마치자마자 집으로 달려와 아들을 안고, 6구 시장을 한 바퀴 돌고 낙천양조장 앞으로 해서 청초호 쪽으로 걸어가던 참 이었다.

김동광 교장은 아들을 가슴에 안고 양 옆으로 약간 흔들었다. 김동광 교장 부자의 꼴을 본 원산 어머니가 입을 열었다.

"야, 이녀느 간나 새끼야, 니 어디 와서 위세야, 위세."

"제가 뭘…" 김교장은 얼버무릴 수밖에 없었다.

"니 지금 나에게 해다. (어린애)자랑하는 기가? 노가리 물알보다 못한 고추 달고 나온 자식을 자랑하는 거지!"

김동광 교장이 가던 길에서 돌아서려는 순간, 원산 어머니는 세숫대야의 게숫물을 김 교장과 어린아이를 향해 뿌렸다.

이 글을 제일 먼저 읽는 독자는, 내 아내 한순자인데, 내게 질문을 던진다. "여보, 노가리는 명태 새끼지?" "그래, 명태 새끼야." "그런데, 새끼가 어떻게 알을 배었어? 물알이기는 하지만." 생각해 보니, 아내의 질문에도 일리가 있었다. 그래서, 유신 때 국회에서 노가리가 명태 새낀지, 아닌지 거수해서 결정했다는 소문을 상기하며 쓰게 웃었다.

노가리가 명태새끼가 아니고 스스로 태어나고 자라서 암놈과 수놈이 만나서 짝짓기를 해 물알이나마 품고있다면야 원산 어머니의 말씀이 일리가 있는데, 노가리가 명태새끼라면, 새끼가 알을 배었다는 이야기가 되는데, 이건 생명체의 질서에 어긋나니, 동광이의 아들이 노가리 물알이나마 달고나온 것이 허상이라는 말이 된다. 기분이 찜찜하고 밥맛이 떨어진다.

오고가는 친구들에게 노가리가 명태새끼인지, 아닌지 물어보았다. 반백년 만에 나타나 겨우 한다는 질문이 그런 것이냐는 핀잔하는 표정이다. 어업조합에서 은퇴한 용수에게 전화를 넣었다. 춘천아들네 집 근처에 사는 용수는 목 디스크 때문에 고생인데 사람 역정을 돋구지 말라고 한다.

동창회에 나가 물으니 모두 대답을 않는다.

역시 어업조합에서 은퇴한 용길이가 결론을 내린다. 노가리가 명태새끼인지 아닌지, 과학적으로 판단할 근거를 밝힌 논문은 없다는 것이다. 과학적 이론이나 진실은 어떻게 되었던 노가리 물알을 달고 나온 김 교장의 막내 소식은 전해야 될 것 같다. 김

교장이 딸 셋을 결혼시키고 넷째도 시집보냈다. 막내를 시집보내고 집으로 온, 강 여사가 김교장에게 "내게도 장하나만 사 달라"고 했다. 박봉에 장롱하나 없이 살고 막내딸을 보내고 난 다음에야, 자신의 장을 생각해낸 강 여사의 생활을 생각하며 우리는 장롱이 김 교장 안방에 들어오던 날 장롱 앞에 앉아 한참 동안 숙연해졌다.

본 이야기가 노가리라서 그리로 돌아가야겠다. 노가리야 어떻게 되었건 김 교장 막내아들은 작년 10월 15일 속초 한화콘도예식장에서 결혼했다. 며느리가 소식이 없느냐니까, 산달이 얼마 남지 않았다고 한다.

영랑호

신라의 화랑 영랑이 산천이 수려한 곳을 찾아다니다 아름다운 호수를 보게 되었다. 산과 넓은 벌의 끝자리에 자리 잡고 있는 호수의 동쪽 어귀는 바다와 면하고 있었다. 영랑은 호수의 아름다움에 빠져 그 자리에 눌러앉아 일생을 보냈다. 그래서 호수의 이름이 영랑호가 되었다.

영랑호는 동해안 삼팔선에서 북쪽으로 약 삼십 킬로쯤 올라가면 있는 그리 크지 않은 석호다. 지금 이 나이에 '그리 크지 않은' 호수라고 하지만 내 어릴 때의 영랑호는 바다와 같이 넓고 끝이 아득해 내 세계의 전부를 차지하고 있었다.

일제 말에는 퇴각하는 일본군들이 남루한 군복을 입고 나타나 지친 말에게 물을 먹였다. 일본군들은 포구에서 조그만 배를 얻어 타고 남쪽으로 향했는데, 말들은 배에 오를 수가 없었다. 주인 잃은 거대한 말들은 오랫동안 영랑호 주변에서 살았다. 말들은 호반에서 마른 풀을 뜯거나 물을 마시며 몰려 다녔다.

인민공화국이 시작되자 말들은 자연히 인민군의 소유가 되었다. 일본군들보다 앳된 인민군들은 말의 고삐를 잡고 달리기도 하고, 잔등에 타기도 했는데, 군복이 그림책에 나오는 화랑의 옷보다 멋지지 않았다. 탱크의 굉음 사이에서 날카롭게 들려오던 말의 울음소리는 호반을 암울하게 만들기도 했다. 남으로 전진하던 인민군들도, 북으로 퇴각하던 병사들도 그곳에서 목욕하고 목을 축여 원기를 회복했다. 그들이 밀려난 다음에는 국군들이 그곳에 와 손을 씻었다. 피아를 가릴 것 없이 모든 군인들의 손에는 피가 묻어 있었다. 호수는 무기를 잡은 자들의 모든 손을 깨끗이 씻어주었다. 곧이어 들어 닥친 미국군은 호수에 손을 씻고 그것을 식수로 마셨다. 그만큼 영랑호는 깨끗하고 컸기 때문에 빌라도의 대야가 못해낸 일을 할 수 있었다. 영랑호는 내 어릴 때 싸우던 모든 사람들의 죄를 깨끗하게 씻을 수 있을 정도로 크고 정결했다.

영랑호에서 바라본 미시령은 젊은 여인의 유방 같이 부드럽고 다감한 두 개의 무덤을 이루며 홈으로 내려앉았는데, 여인의 머리칼을 날리며 속 가슴 사이를 지나온 하늬바람은 범바위의 갈대숲을 헤쳐 놓았다. 갈대들 간의 엉킴과 스침은 또 하나의 음악을 만들어 내고 있었다. 갈대의 노랫소리에 놀란 기러기들은 깊은 잠에서 깨어나 호수를 떠날 채비를 하고 있었다. 그 계절에는 범바위에 해와 달이 동시에 뜬다. 청대산 소나무 가지에 걸려 붉은 햇살로 정조호에 솟는 해와 민 바다가 잉태해 놓은 둥근달은 희미한 자태만으로도 우리에게 처음과 마지막이 같은 시간 안에 있음을 가르쳤다.

바람이 가면 호수의 수면은 주름살 하나 없는 투명체가 되어 붉게 타오르는 설악을 품고 있었다. 물 속의 단풍은 현실 세계의 그것보다 더 붉고 고왔다.

영랑호의 맑음에 취해 또는 그 물의 수온이 어머니의 품과 같이 그윽해서 물속에 들어갔다 나오지 않는 사람들도 있었다. 익사자들은 여름에 많았다. 호반에서 울리는 통곡소리가 바람에 날려갈 쯤이면 우리는 바지를 걷어 올리고 갈대밭 물가의 모래톱으로 간다. 말총으로 올무를 만들어 갯벌에 덫을 놓는다. 도요새 잡이가 시작된 것이다. 갯벌에서 먹이를 찾아 떼 지어 다니는 도요새는 작고 매우 아름답다. 갯벌에 새겨진 도요새떼의 발자국은 한쪽 면은 잃어버린 마름모꼴 부챗살 문양의 그림이 되어 우리의 마음을 사로잡았다. 기러기떼 같기도 하고 박쥐 날개같이 접어졌다가 펼쳐지는 도요새의 발자국을 따라가며 우리는 소리를 했다.

'도요새야, 도요새야, 숲 속으로 가지 말고 물가로 가라. 물가로 가라.' 딱히 도요새를 잡아 무엇을 해야겠다는 목적이 있는 것이 아니다. 총명하고 날렵한 도요새와 다른 아이들이 벙정이라고 취급하는 나와의 대결이다. 도요새를 잡을 수 있으면 나는 도요새처럼 총명한 아이가 될 수 있다. 발가락 사이로 파고드는 흙과 내 종아리를 만져주는 갈대의 간지럼은 언제나 상쾌하다. 노적봉에 달이 뜨면 호수는 처절하리만치 조용하다. 익사자들의 사연도 철새들의 울음소리도 들을 수 없다. 겨울이 다가온 것이다. 겨울은 호수를 얼음으로 덮고 모든 소음을 잠재운다. 침묵은 겨울의 올무였다.

금강산 신성봉을 깎아 세운 매서운 바람이 해안으로 몰려오면 호수는 두텁게 얼어붙는다. 우리들은 호수 건너에 가서 땔감을 긁어모아 썰매에 싣고 왔다. 그때마다 바람이 우리와 나뭇짐의 등을 밀어줘 쉽게 호수를 건널 수 있었다. 미국군인들은 트럭을 몰고 얼음 위를 신나게 지나갔다. 트럭 뒤로 얼음이 갈라지는 소리가 날 때 우리는 공포에 떨었다. 얼음에 구멍을 뚫고 낚시질을 할 때 잡혔던 구멍보다 더 큰 붕어, 그 붕어의 몸부림이 낚싯줄을 통해 내게 전해 졌을 때의 전율, 짜릿한 느낌은 지금도 내 몸 어느 구석엔가 남아 있다.

영랑호의 봄은 호심에서 비롯된다. 깊은 밤, 사위가 정적으로 차 있는 가운데 척추를 때리는 듯한 깊고 은은한 소리는 얼음을, 어린 영혼들을 키웠다. 호수가 숨소리를 내면 우리들은 우리에게로 봄이 오고 있음을 알 수 있었다. 봄의 징후를 우리보다 먼저 안 것은 철새들이었다. 우리는 그들의 뒤를 따라 썰매와 겨울 낚시도구를 거둬들일 뿐이었다. 두텁고 견고한 얼음이 연약한 물안개의 품속으로 사라져가는 모습은 신비스럽기만 했다. 불안개는 호반을 연둣빛으로 채색하면서 작은 새들을 불러 모았다. 대청봉과 울산 바위 북벽은 아직 눈에 덮여있는데 영랑 호반은 봄의 노랫소리가 들려오고 있었다.

장마로 오랫동안 가려졌던 산이
터진 구름 사이로 드문드문 살결을 드러낸다
보아서는 안 될 속 가슴과 가랭이 사이
여인의 옷 벗는 모습을 숨어서 보는
눈물나게 아름다운 저녁이다

– 이성선 「아름다운 저녁」, 『산시』

이성선과 나는 영랑호가 비스듬히 보이는 학교에서 같은 책상에 앉아 공부했다. 그는 차분한 성격을 지니고 있었다. 눈에 무녀(巫女)의 신비스러운 번뜩거림을 지닌 채 항상 시를 읽으며 고운 시어를 만들어 내고 있었다. 그러나 나는 몽상가로 방황하고 있었다.

늦은 봄, 해질 무렵 나는 바다를 뒤로하고 영랑호반으로 향했다. 호반의 서쪽 어귀에서 동쪽을 향해 걸었다. 보광사 입구의 맑은 물은 온통 녹색장원으로 물들어 있었다. 훈훈한 바람과 맑은 물 냄새가 내 앞에 다가섰다. 그리고 이어서 아카시아 향기가 안겨왔다. 그때, 내 시야에 한 여인이 들어왔다. 물가에 흰 드레스를 입고 다슬기라도 줍는 듯이 서 있는 그 여인은 한 미리의 학이었다. 기노시다 준지(木下順二)의 '석학'에 나오는 쓰우(학이 지상에 내려와 여인으로 변신해 지닌 이름)였다. 저녁 햇살을 받으며 녹색호수에 서 있던 학은 물속에서 치마를 약간 추켜올려 나에게 무릎까지 보여 주었다. 여인의 하얀 다리는 수면 위로 뛰어 오른 은빛 물고기같이 싱싱하게 빛났다. 아무도 그 여인을 보는 사람은 없었다. 오직 나만이 그 은밀한 광경을 즐기고 있었다. 내가 여인을 곁눈질하면서 걷고 있을 때, 나와의 반대방향에서, 동쪽에서 서쪽 호반으로 걸어오는, 나의 은밀한 행복을 깨뜨리는 침입자가 있었다. 나는 적의를 가지고 그 침입자를 바라보았다.

이성선이었다. 조금 전까지만 해도 우리는 한 책상에 앉아 나란히 공부하며 장난치고 놀았다. 호수가의 여인이 우리를 보고 뭐라고 하는 것 같았다. 그러나 우리는 여인에게 반응할 여유를 갖지 못했다. 그도 그렇고 나도, 서로 아는 체할 수도 없었다. 귀중한 비밀을 들킨 것이 속상할 뿐이었다. 결국 성선이와 나는 아는 체도 하지 못하고 얼굴을 붉히며 지나쳤다.

아 우리들을 맑게 씻어주던 아름다운 영랑호. 호수가 오염에서 벗어나 다시 살아나기 바란다.

황소와 까치

황량한 언덕에 자리 잡은 우리 집 앞마당에는 담이 없다. 그래서 키운 것이 개인데, 맨 처음에는 이웃집에서 얻어 온 삽살개 잡종 두두 뿐이었다. 두두가 우리 집에 올 때 우리 마당에는 고양이가 일곱 마리나 있었다. 집에 고양이 한두 마리 있겠거니 했는데, 눈 깜짝할 사이 일곱 마리로 늘어났다. 큰놈이 낳은 것도 있었지만 들판을 쏘다니던 도둑고양이들도 우리 집으로 모여온 모양이었다. 마음이 모질지 못한 안주인이 매일 먹을 것을 주니 허기진 고양이들이 어찌 찾아오지 않으랴. 고양이 일곱 마리와 두두는 별 탈 없이 먹을 것을 나눠 먹으며 잘 지냈다.

두두의 아들 황소가 태어나고부터는 상황이 조금씩 달라졌다. 황소는 몸뚱이는 암갈색 진돗개인데, 다리는 삽살개의 그것과 같이 자담만한 영락없는 잡종 똥개지만 그래도 순수 우리나라 개들의 피를 이어받았다는 점에서는 사랑할 만하다. 힘이 황소같이 세다고 해서 황소라고 부르게 되었다.

사건은 늦은 봄 아침나절에 일어났다. 안주인이 아이들을 학교에 보내고 난 다음 두두와 고양이들에게 먹이를 주었는데, 인근에 흩어져 있던 까치들이 고양이 밥그릇 속의 날알을 탐내면서 일어났다. 고양이들이 포식한 다음 까치들이 그릇에 남아 있는 낟알을 쪼아 먹는 일은 흔히 있을 수 있는 일인데, 그날따라 제일 늙은 고양이가 정신없이 음식을 탐내던 까치들을 덮쳐 버렸다. 까치가 날아 보았지만 비상하려는 순간 고양이의 앞발이 까치의 어깨를 짓눌렀기 때문에 땅에 쓰러지고 말았다. 까치가 다시 일어나려고 해 보았지만 고양이의 공격은 계속되었다. 까치는 얼마 못 가서 날개를 퍼득거리며 숨을 거둬버리고 말았다. 이 모든 광경을 어린 황소는 지켜보았다. 일은 그것으로 끝나지 않았다.

그날 고양이 일가가 까치고기로 만찬을 즐길 때까지만 해도 우리 마당에는 대여섯 마리의 까치가 와서 고양이들을 보고 울어 대었을 뿐이었다. 그런데 그 이튿날 우리 집 하늘에는 수십 마리의 까치들이 몰려와 고양이들을 보고 울어대었다. 까치들은 나무에 앉아 고양이를 보고 그냥 우는 것이 아니었다.

까치는 고양이가 마당 가운데로 나오면, 그를 향해 급히 내려와 부리로 머리를 쪼기도 했다. 고양이가 하늘을 향해 입을 벌리며 앞발을 휘저으면 까치는 다시 하늘로 올라갔다. 까치들의 집단행동에 기가 죽은 고양이들은 하늘이 보이지 않은 어두운 구석으로 숨어들었다. 특히 까치를 직접 잡은 늙은 고양이의 비굴한 꼴은 말이 아니었다.

하늘을 슬금슬금 훔쳐보면서 꼬리를 밑으로 깔고 어슬렁거리는 늙은 고양이의 꼴은 비굴하다 못해 비참했다.

까치들의 공격은 며칠 동안 계속되었다. 육이오 때 구라망 전투기가 하늘에서 곤두박질해 내려오면서 우리 강산을 할퀼 때와 같은 형태로 고양이에 대한 까치들의 공격이 이루어졌다.

아침 산책길에 우리 집에 들른 경상도 김 선생이 내게 물었다.

"이 선생, 요즘 무슨 좋은 일이 생겼어? 요즘 계속 집 주위에서 까치들이 울고 있잖아."

내게서 지난 며칠간 까치와 고양이 사이에서 일어난 이야기를 다 들은 김 선생은 한마디 하고는 가버렸다.

그가 한 말은 다음과 같다.

"말하자면, 이 집 고양이들은 광주 사태의 원흉이구만."

황소와 고양이들의 싸움은 그 후 한 달 정도가 지난 다음부터 시작되었다. 그때까지 대여섯 마리의 까치가 우리 집 나무에 걸터앉아 고양이들을 보고 울어 대었는데, 그 기세는 많이 꺾여 있었다.

처음 며칠간은 황소가 밀리기 시작했다. 황소는 고양이에게 눈두덩도 찢기고 입가에 피도 흘렸다. 가끔 앞다리에 상처를 입기도 했다. 그러나 그것은 어디까지나 황소가 혼자이고 고양이들이 함께 덤벼들 때 싸움의 결과였다. 드디어 우리 마당에서는 이상한 일이 벌어지고 말았다.

고양이들이 한꺼번에 떼 지어 황소에게 덤벼들면 나무 위의 까치들이 고양이에게 공격을 가하기 시작하는 것이었다. 적의 집중력이 분산된 틈을 타 황소는 고양이, 그중에서도 가장 늙고 힘이 센 고양이에게 덤벼들어 그의 목을 물고 좌우로 흔들어 대기 시작했다. 다른 고양이들은 까치와 싸우느라 이쪽 일에는 신경을 쓰지 못하고 있었다.

제일 늙고 힘센 고양이는 황소에게 물린 그 밤을 넘기지 못하고 죽고 말았다.

그다음 고양이도, 그다음 고양이도 황소의 상대가 되지 못했다. 황소가 피나는 투쟁은 계속한 지 닷새가 되는 날 우리 집의 고양이 일곱 마리는 죽거나 어디로 도망치고 말았다. 황소는 우리 집뿐 아니라 인근의 모든 고양이들을 쫓아버렸다.

며칠 전에는 우리 집에서 일 킬로나 떨어진 곳에 약수터가 있는데 그 약수터에서 커피 파는 아줌마가 찾아왔다. 잔뜩 부은 얼굴로 아줌마는 나를 보고 고양이 값을 물어 달라고 했다. 황소가 그 아줌마의 고양이를 물어 죽였다는 것이었다.

지금 우리 집 인근에는 고양이가 없다. 다만, 황소와 두두와 또또가 까치들과 날알을 나눠먹으며 지내고 있을 뿐이다.

망각과 여유

명동 예술극장에서 '고려인 떡쇠' 라는 연극을 보고 나서 우리가 이른 곳은 서울 변두리의 종점 주막이었다.

식당을 겸한 주막 안은 밤이 깊었는데도 초만원을 이루고 있었다. 한쪽 귀퉁이에 겨우 자리 하나를 얻어 앉은 이 신부와 나는 조금 전에 본 연극에 대해 이야기를 했다.

"결국, 고려인의 정체성은 우직함, 힘이 세다는 것, 정직함 이렇다는 것 아닙니까?"

대학 다닐 때 철학에 많은 관심을 가졌다는 이 신부의 지적이었다.

"작가와 연출은 그런 입장에서 고려인, 또는 한국인의 전형을 찾아보자고 한 것 같은데… 글쎄, 그렇게 단순하다면야."

나는 어정쩡한 답을 할 수밖에 없었다.

"이 술집 안의 사람들이 우직하고 정식하기만 하다면야, 세상은 이 꼴이 아니죠."

이 신부는 막걸릿잔을 들어 단숨에 비워버렸다.

"야, 이 자식들아 조용해!"

그때 주막 한가운데 있는 식탁 주위에 앉았던 젊은이 둘이 의자에서 일어나면서 고함을 질렀다. 주막 안, 손님 중 용기가 있거나 우직한 사람들은 "조용해" 또는 "뭐하는 놈들이야!" 하고 소리를 질렀지만, 젊은이들의 옷차림을 보고는 고개를 돌려버렸다. 그들은 군인 모자를 쓰고 운동복을 입고 있었는데 운동복 앞과 뒤에는 분명히 그들의 소속부대와 이름이 양각되어 있었다. 그들은 군 권투 부대 소속으로 한 사람은 그 시대에 텔레비전 권투 시합에 자주 등장하는 인물이었다. 나는 이 신부를 보고 그만 일어나자고 권했지만, 그는 재미있는 구경거리라도 만난 듯이 생글거리며 일어날 자세를 취하지 않고 있었다.

"야, 너 조금 전에 뭐라고 했어?"

"뭐, 뭐하는 놈? 이것들이 어디다 대고 반말이야."

그들과 일행인 듯한 군인이 말렸지만, 기세는 꺾어질 것 같지 않았다. 그들의 소란은 지루하게 계속되었지만 아무도 그들을 상대로 싸우는 사람은 없었다. 그렇다고 문을 박차고 나가는 사람도 없었다.

"니들 군발이 깔보면 어떻게 되는 줄 알아? 씨팔, 이것들이 세상이 어떻게 돌아가는 줄도 모르면서 까불어."

그때, 한쪽 구석에 앉아 있던 거한이 일어나 권투선수들 앞으로 뚜벅뚜벅 걸어갔다. 그는 권투선수들이 손쓸 찰나도 주지 않고 한 손에 한 사람씩 목덜미를 잡고 문께로 갔다. 주막 주인은 미닫이문을 열어 주었다. 주막 밖에서는 눈발이 날리고 있었다. 거한은 양손에 하나씩 들고 나온 권투선수들을 진흙당에 던져 버렸다. 그리고는 아무 일도 없었다는 듯이 손을 털고 들어와서 자기 자리로 가서 술을 마셨다.

주막 안은 다시 조용해져 소란 상태 이전의 분위기로 돌아갔다. 술에 취하지 못한 나는 사람들이 조금 전에 사건에 대하여 그렇게 빨리 망각할 수 있느냐고 이 신부에게 물어보았다.

"밀이 밀밭에 있을 때는 생명이 있습니다. 포도도 마찬가지구요, 그런데 포도송이가 나무에서 떨어지면 그때는 생명이 없어지는 겁니다. 밀도 마찬가지죠. 건포도, 밀가루는 생명이 없는 죽음이죠."

"갑자기 밀과 포도는 또 뭡니까?"

"들어보세요. 그런데 이놈의 죽은 포도들이 엉켜서 발효가 됩니다. 밀가루도 반죽해 두면 발효합니다. 발효가 된 밀가루와 포도는 빵과 포도주가 됩니다. 그것은 생명이고 부활입니다."

나는 이 신부가 매우 재미있는 착상을 하고 있다고 생각했지만, 그 착상은 주막 안의 우리의 대화로는 적합하지 않다고 여겼다.

"우리가 마시는 이 막걸리, 이거 발효된 겁니다. 안주인 김치도 발효 음식입니다. 막걸리는 예수님의 피, 김치는 예수님의 몸이죠. 결국 막걸리와 김치는 매일 먹는 한국인은 매일 부활하는 셈입니다. 부활의 논리는 망각입니다. 죽음의 시대를 잊고 생명의 내일만 생각하는 것입니다."

“아까 그 조무래기들의 시대는 죽음의 시대고, 지금은 사람들이 김치와 막걸리로 재생했으니, 그때를 잊었단 말입니까?”

“하멜이나 게일이 조선 사람들이 술을 좋아한다고 말하지 않습니까? 고려인은 망각하고 새 삶은 사는 민족이란 뜻입니다. 남쪽이나 북쪽이 서로의 과거를 잊고 새 삶을 살아야 한다는 뜻입니다.”

“그러기 위해선 매일 마셔야겠군요.”

“물론이죠, 취해야 합니다. 부활해야 합니다.”

이튿날 아침, 나는 머리가 몹시 쑤셨지만 출근하기 위해 버스에 몸을 맡기지 않을 수 없었다. 밤새 내린 눈 탓으로 버스는 제자리걸음을 하고 있었다. 버스는 뒷바퀴에 체인을 하고 나서야 서서히 움직여 큰길로 나왔다. 나는 지각하게 된 것에 대해 걱정하며, 버스의 체인 돌아가는 소음에 짜증을 내며, 그러면서도 버스가 좀 더 빨리 달리기를 바라고 있었다.

눈 속으로 달리던 버스는 꽝하는 소리를 내며 그 자리에 멈춰 서고 말았다. 버스가 갑자기 정지하는 바람에 승객들은 놀라고 요동은 했지만 다친 사람은 없었다. 창밖을 바라보니 우리가 타고 가던 버스의 앞바퀴 하나가 차에서 벗어나 길옆으로 굴러가고 있었다. 승객들의 얼굴은 사색인데 어디선가 껄껄 웃는 웃음소리가 들렸다. 승객들은 모두 그쪽으로 시선을 돌렸다. 운전기사였다. 그리고 더욱 놀라운 것은 그 기사는 다름 아닌 어제저녁 술집에서 깡패들을 진흙탕에 던져 버린 거한이라는 사실이었다.

나는 기사 석에 앉아 있는 거한이 강서 고분의 벽화 속에 말을 타고 중원평야를 달리던 고구려 용사와 같다고 생각했다. 그리고 우직함, 힘이 셈, 정직함, 망각, 부활이라는 단어 뒤에 여유라는 어휘를 하나 더 첨가했다.

아테네 가는 길

황영조 선수에게.

자네는 바르셀로나라는 싸움터에서 열심히 싸워 이기고 그 승전보를 우리에게 전해 주고 쓰러졌네. 그것은 아테네 병사들이 마라톤 전투에서 싸워 이기고 그 승전보를 아테네 시민들에게 전해주고 쓰러져 죽은 위대한 행위와도 같다고 할 수 있네. 그만큼 우리 민족은 지난 반세기 동안 남북으로 분단된 상태에서 고통을 당하고 있는 터에 자네의 골인 지점으로 향해 뛰는 모습은 이 민족을 하나로 뭉칠 수 있게 하는 '어떤 가능성' 이 이 민족의 잠재력 속에 내재해 있음을 세계인을 향해 보여 주는 역할을 했네.

일본 벳푸 마라톤 시합을 본 후, 나는 자네에게 올림픽에서의 상위권 입상이 가능하다고 예측했기 때문에 바르셀로나에서 30킬로미터 지점을 통과할 때, 집 식구들을 다 깨웠네. 마지막 일본 선수를 제치고 앞으로 나서는 순간 우리 집 식구들은 모두 눈물을 흘리며 감격했네. 자네의 우승은 베를린에서 반쪽짜리 우승한 손기정 선수의 쾌거를 완전한 우승으로 확인시켜 주고 세계의 문제아였던 이 민족의 가능성을 전 세계를 향해 보여 주었다고 할 수 있네. 그만큼 자네는 장한 일을 했네.

그러나 오늘 내가 자네에게 하고 싶은 말은, 아테네로 가는 길은 가벼운 신과 팬티와 러닝셔츠 그리고 빈손으로 뛰어가는 길 외에 또 다른 길이 있음을 알려 주고 싶기 때문일세. 내가 자네에게 이 말을 하게 된 데에는 그럴만한 이유가 있기 때문이네. 나도 고등학교 저학년까지 마라톤을 한 경험이 있네. 중학교 때였네. 성인들이 뛰는 마라톤 시합에 나갔는데 골인 지점 6킬로미터 전방에서 나보다 한 학년이 아래인 선수가 더위에 지쳐 기권하려고 했네. 그래서 내가 끝까지 뛰자고 손을 잡았더니 "형, 감자만 먹고는 도저히 못 뛰겠어."하고 기권하고 속초 쌍다리 밑으로 들어가 누워버리는 후배를 보았네. 그 소년이 우리나라에서 20분 벽을 깬 김봉래였네. 1950년대 말이라고 기억하네.

우리는 그렇게 가난했고, 그래서 대학에 갈 수 있는 길은 뛰는 길밖에 없다고 생각했기에 허기진 몸으로 마라톤을 했네.

자네는 바르셀로나에서 이 나라 어떤 정치가나 재벌에 못지않은 공헌을 이 민족을 위해 했네. 자네에게 그 이상의 짐을 지운다는 것은 염치없는 일이라고 나는 생각하네.

올림픽에서 마라톤 우승한다는 것은 실력만으로 되는 것이 아니라 천운이 따라야 한다고 생각하네. 만약 자네의 발바닥에 탈이 났다면, 중간 지점에서 다리에 쥐가 났다면, 일본 선수의 신발이 벗겨지지 않았다면… 수없이 많은 가정은 더 있을 수 있네. 자네는 그 많은 가정을 극복하고 우승했네. 그것은 하늘의 도움이 있었기 때문이라고 생각하네. 그런데 자넬 보고 또 올림픽에 나가 우승하라니, 그것은 자넬 보고 죽으라는 소리와 같다고 나는 생각하네.

이제는 우승의 흥분도 갔으니까 하는 말이네만, 아테네로 가는 길은 또 있네. 아테네는 뛰어서 가는 길 외에 또 있네. 아테네에서는 올림픽만 한 것이 아니라네. 아테네로 하여금 아테네가 되게 한 것은, 그곳이 서양 문학과 예술과 철학의 고향이기 때문이라네. 그리고 민주주의의 발상지 또한 그곳이라네. 때문에 우리는 어두운 도서관 지하실에 앉아서 책을 통해 아테네로 갈 수 있네.

도서관에는 호머의 시가 있고 아이스킬로스와 소포클레스, 에우리피데스의 비극이 있고, 플라톤의 대화편과 아리스토텔레스의 저작이 쌓여 있네. 그리고 솔론의 업적과 페리클레스의 카랑카랑한 목소리도 들을 수 있네. 그들을 통해서 아테네로 가는 길은 결코 화려하지는 않네. 아나운서의 열띤 중계도 없네. 마라톤 연습과 마찬가지로 역시 고독한 작업임에는 틀림이 없다네. 그러나 그곳에는 달리는 자동차에 뛰어들고 싶은 육체적 고통은 없다네. 도서관은 내적 성숙을 약속해 주고 인간을 고독하게 해주네.

스포츠는 책을 보다 덮어두고 나가 뛰는 아마추어들의 것이 되어야 한다고 나는 생각하네. 플라톤이 올림픽 선수였다는 일화는 우리에게 많은 점을 시사한다고 볼 수 있네.

나는 자넬 보고 철학자가 되라고 하는 것은 아닐세. 그 많은 텔레비전 출연과 기자들의 눈길에서 떨어져 자네 자신으로 돌아가라는 말을 하고 싶네. 지난 추석 전에 고성 동광 농고에 들려 선생님들에게 매우 겸손하게 인사드렸다는 말을 들었네, 그렇게 겸손하게 서정시 한 편 읽고 연극 구경도 하고 산다는 것에 대하여 고민도 하고 볼이 빨간 소녀와 데이트도 하고 고향 바닷가에서 어머니와 손을 잡고 거니는 그런 젊은이가 되게.

사람들 중에는 아테네에 이르지 못하고 죽은 사람이 많다네. 자네는 육체로 아테네로 이르렀네. 이제는 다른 길로 아테네로 가기를 바라네.

제이(J)씨의 꿈

제이(J)씨는 내 친구다. 30여 년 전 그를 만난 곳은 서울 명동의 음악다방에서였는데, 지금 그 곳에 가 보면 다방도, 다방이 자리 잡고 있던 건물도 간 데가 없다. 그런데 J씨는 30여 년 전의 모습 그대로다. 늙지 않고 청년으로 그대로 지낸다는 뜻이 아니다. 그도 나와 마찬가지로 많이 늙어 보인다. 그가 30여 년 전과 같다는 뜻은 그의 살아가는 모습–짧게 깎은 머리라든가 입고 다니는 허름한 옷차림을 비롯해 그를 지탱해 오고 있는 정신 등이 변하지 않고 그대로라는 것이다. 명동은 변해도 우리들의 친구 J씨는 변하지 않았다. 너나없이 조금은 굴절되고 무뎌진 우리들은 J씨의 모습 속에서 자신의 젊은 날의 세상을 향한 태도를 보며 위안을 삼고 있었다. 우리가 첫 인사를 나눈 때, 우리는 20대였고, 그는 의욕에 찬 젊은 영화인이었다. 시골에서 자란 나에게 영화라는 예술은 카메라든가 필름, 배우 같은 경이로운 매개물과 사람들이 모여서 만드는 지평선 너머의 세계였다. 그런데 그는 그 세계에 몸담고 있으면서 잠시 휴식을 취하러 나온 휴가병의 여유를 지니고 우리들 앞에 서 있었다. 영화에 관한 한 그는 모르는 것이 없었고 내가 얼마 전에 보고 좋은 영화라고 생각한 작품의 수석 조감독이 아닌가? 우리의 화제는 주로 문학이었다.

그도 문학 작품과 작가에 대해 우리와 비슷한 견해를 유지하고 있었다. 러시아 소설 이야기가 시들해 지려고 하면 그는 화제의 방향을 프랑스 영화 쪽으로 돌려놓아 우리의 식탁에 생기를 불어넣었다. 우리는 J씨가 세상을 깜짝 놀라게 할 작품을 만들고 말 것이라고 믿고 있었다. 그에 대한 우리들의 신뢰는 그렇게 두터웠다. 그러나 그는 세상을 향해 작품을 내어놓지 않았다.

"만년필만큼 싼 카메라와 원고지만큼 구하기 쉬운 필름이 있다면……." J씨는 일본 영화감독의 말을 읊조리며 우리들의 기대를 외면했다. 우리는 그때 그의 실력을 의심하기보다 그가 자유롭게 영화를 만들 수 없는 우리의 현실을 탓했다. 미적 완성도도, 신선한 실험 정신도 없는 우리 영화계는 J씨를 수용할 수 있는 능력이 없다고 생각했다. 초조해지기 시작한 것은 그의 수위에 있는 문우들이었다. 소설가가 된 친구들은 자신의 작품을 영화로 하자는 제의가 들어오면 'J씨가 감독해야 된다.'는 조건을 내걸기도 했다. 그때마다 그는 '오리지널 시나리오가 아니면 안 된다.'는 등 핑계를 대며 선뜻 영화계에 발을 들여 놓지 않았다. 그리고 30여 년이 흘렀다. "영화감독은 분명히 아니고, 그렇다고 영화광이라고 할 수도 없죠. 광이라면 보는 것을 좋아할 뿐 아니라 만들기도 해야 하는데, 난 만들지도 못했으니 광이라고 할 수 없죠. 영화중독자 정도로 해 두는 게 좋겠어요."

요즘 J씨는 자신은 영화중독자 정도라면서 자조하고 있다.

J씨에게서 전화가 왔다. 그는 정중하게 시간이 나느냐고 물었다. 나는 이번 주는 바쁘니까 내주 초쯤 만날 수 있겠다고 했다. 그는 오늘 한 시간만 내어 주면 된다고 했다. 나는 밖에 나갈 수는 없고 연구실에서라면 한 시간 정도는 낼 수 있다고 했다. 4월이 다 지나는데도 밖은 쌀쌀한데, 그는 땀을 흘리며 연구실로 들어왔다. 평상시보다 상기된 얼굴이었다. 그는 자신이 기독교에 깊이 빠져들지 않고 있음을 환기시켰다. 기독교뿐 아니라 다른 종교에 대해서도 일정한 거리를 두고, 객관적으로 관찰해 오고 있다고 했다. 그 점에 대해서 우리 친구들은 잘 알고 있고 나의 경우는, 그의 기독교에 대한 그런 자세가 조금 불만이었다. 그의 부모님들은 이북 신의주에서부터 교회에 나갔고 신의주교회에 시무하던 목회자를 의지하면서 일생을 보냈다. 그리고 신의주교회 출신들이 조성해 놓은 동산에 잠들어 있었다. 그는 친구들 앞에서 자신은 기독교인이라고 하면서 교회 생활은 하지 않고 있었다.

"재삼 확인할 필요가 없지 않습니까?" 나는 J씨의 자신의 기독교에 대한 태도 확인에 대해 조금 짜증이 났다. 바쁜 가운데 시간을 내었는데, 만나자는 이유가 겨우 자신이 기독교를 객관적으로 본다는 것을 확인시키기 위해서란 말인가.

"지금 이 순간에 형의 기독교에 대한 신앙 태도가 뭐가 그리 중요합니까."

"매우 중요해요."

"누가 형이 종교에 대해 가지고 있는 그런 태도 때문에 작품이라도 맡긴다고 했어요? 그거라면 내가 증명해 드릴 수 있어요."

"예술이기 때문에 그래요. 예술은 객관적으로 공감을 얻을 수 있어야 하니까."

"그거야 대학 초년생들을 앉혀 놓고 일생을 떠들어 온 말이 아닙니까. 새삼스러울 것 하나 없지 않아요?"

"영화니까 더 그렇다는 겁니다. 이제까지 한국에서 만들어진 종교 영화는 그렇지 못했어요."

"요즘엔 종교 영화를 제작하는 곳이 없지 않습니까?"

"없다니요. 타이타닉 보세요. 그거 완전 기독교 영화입니다."

"아직 보지 못했어요."

"그런 영화 안 보면 어떻게 합니까. 교회에 나가면서. 아주머니하고 꼭 같이 가서 보세요."

나는 우리의 대화가 논리적이지 못함을 깨달았다. 그래서 처음으로 돌아갈 것을 제의했다.

"형은 기독교에 대해서 객관적 거리를 두고 있음을 강조했어요. 그리고 예술의 보편성에 대해 이야기하고요."

"맞아요. 종교 영화는 객관적 자세로 만들어야 된다는 말을 하고 싶어 그랬어요. 그래야 비 종교인들에게 감동을 줄 수 있는 좋은 작품을 만들 수 있기 때문이에요."

"그런 이야긴 평소 형의 태도를 통해 충분히 알고 있는 사실이 아네요?"

"확인이 필요해서 왔어요."

나는 허황하다는 생각이 들었다. 그래서 J씨를 빨리 연구실에서 내어 보내야겠다고 마음먹었다. 내가 미적거리다 자리에서 일어나려니까, 그는 내 마음을 엿보기라도 한 듯 팔을 잡고 자리에 앉아 있으라고 했다.

"이야기는 지금부터입니다."

"이제까지는 서론이었습니까?"

"그런 셈입니다."

J씨는 자신의 부모님이 다니던 교회의 원로 목사가 돌아 가셨다고 소식을 듣고 장례 행렬의 뒤를 따라 나섰다. 원로 목사의 장지는 J씨의 부모가 잠들어 있는 동산이었다.

먼 북동쪽의 산들은 회색빛을 띄고 있는데 작은 무덤들이 모여 언덕을 이루어 있는 동산은 아늑한 녹색 정원이었다. 어머님의 품과 같은 부드러운 바람이 밀려 왔다. 하늘은 푸르고 햇볕은 깨끗이 빛났다. 그 푸르고 맑은 숲 속으로 돌아가신 목사의 관이 운구되고 있었다. 검은 옷을 입은 조객들의 긴 행렬에 끼일 수 없음을 알고 그의 기독교에 대한 자세처럼 옆으로 비껴설 수밖에 없었다. 그에게는 장례에 어울리는 양복이 없었다. 그는 색이 바랜 점퍼를 입고 있었기 때문에 행렬에 끼일 수 없었다. 장지에서 멀리 떨어진 높은 곳을 찾아 발길을 옮겼다.

언덕을 오르면서 그는 이제까지 무덤에 누워있던 죽은 자들이 일어나는 것을 보았다. 그들은 서서히 일어나 오늘 장례를 치르는 목사의 운구행렬을 환영하고 있었다. 이북에서 자신들의 앞에 서서 38선을 넘던 목사, 전쟁 속에서 부모와 남편을 잃은 고아와 과부들과 함께 먹고 집 잃은 사람들을 끌어안던 목사를 환영하고 있었다. 죽은 자들의 환영 못지않게 살아 있는 자들의 행렬 역시 경건하고 엄숙했다.

J씨는 장지가 제일 잘 보일만한 언덕에 서서 운구 행렬을 보았다. 무덤 속의 죽은 자와 무덤 밖의 산 자가 움직이는 광경을 보았다. 산이 흔들리고 무덤이 갈라지는 것을 보았다. 육군 군악대의 조가가 부활의 강산에 울려 퍼졌다.

하늘가는 밝은 길이 내 앞에 있으나
슬픈 일을 많은 보고 늘 고생하여도
하늘 영광 밝음이 어둔 그늘 헤치니
예수 공로 의지하여 항상 빛을 보도다

나는 J씨의 말을 들으며 조지 스티븐슨 감독의 〈위대한 생애〉를 떠올렸다.

"예수님이 나사로를 살리는 장면에서 카메라가 팬 하면서 예루살렘을 보일 때, 헨델의 메시아 중 〈할렐루야〉가 울려 퍼졌어요. 아주 감동적인 장면이었는데, 그 정도, 아니 그 이상이었군요."

"비교할 것은 아니지만, 우리 한국이 세계를 향해 보여줄 것은 〈이거다〉하는 확신이 들었어요."

"존 포드의 〈역마차〉의 검은 그림자는 수난이었죠. 산 사람들의 수난의 끝과 죽은 자들의 부활, 느낌이 와요."

"공명심 같은 건 없어요. 누구 이름으로 만들면 어때요. 난 그냥 세계를 향해 이 목사님의 이야기를 보여주면 된다고 생각해요."

"한국 기독교가 아니라 한민족이 세계를 향해 내어놓을 수 있는 이야기라 이거죠?"

"시나리오를 쓰세요. 배우고 감독이고 다 모아 놓겠어요. 나는 뒷일만 하면 돼요. 내 이름 같은 건 상관없어요."

나는 지난 30년 동안 그가 오늘처럼 흥분하고 있는 것을 보지 못했다. 나는 내가 젊어짐을 느끼며 그와 손을 잡았다. 21세기가 시작되는 2001년, 나는 내가 아끼고 좋아하는 영화인 J씨가 이 작품을 감독하여 세계를 향해 우리와 더불어 지난 세기를 산 한 위대한 영혼의 이야기를 하기를 바란다.

2001년 4월에 J씨가 찾아간 장지는 영락동산이었고 그 날 하늘나라로 간 분은 한경직 목사님이었다.

이팝과 고깃국

속초시내에서 영랑호쪽으로 접어들면 높은 아파트들이 서 있다. 아파트에서 호수까지는 비탈인데 그 비스듬한 땅에서 농사짓는 노부부들 자주보게 된다.

봄에는 감자와 배추부터 엇가리, 상추 씨를 심고 깨모종을 하고 고추모를 꽂는다. 그리고 장마가 끝나면 김장배추와 무를 심는다. 비탈밭에 두 분이 보이지 않으면 나는 가던 걸음을 멈추고 물끄러미 밭을 주시한다. 감자잎이 무성한데 두분은 밭고랑에 박혀서 물길을 트는 모양이다. 하얀 감자꽃위로 나비가 날아다닌다. 땅은 굵은 모래에 진흙이 약간 섞여 있는데 소화력이 대단한것 같다. 무가 되었건 감자나 고추라고 해도 잘도 소화해내 싹을 틔우고 꽃도 피우고 열매도 맺는다. 밭에서 물이 잘 빠지면 땅콩이 잘되는데, 그런 마사토에서 자란 감자를 깨면 하얀 눈꽃이 피어 먹으면 목이 메인다.

사람들은 강원도민을 보고 감자바위라고 하지만 사실은 함경도 삼수갑산쪽 감자는 크고 더 튼실하다. 그쪽 감자는 어린아이 머리만 한데 깨면 하얀 눈꽃이 핀다. 삼수갑산은 토질이 마사토가 아니다. 그 땅에선 이깔나무와 자작나무가 빼곡하게 자라서 가을이면 잎사귀를 땅에 뿌리는데 두께가 십센치 이상이 되어 썩으니까 토질은 분명 부엽토일텐데 감자는 크고 속이 목이 메일정도로 피어나니 땅과 곡식과 열매에게는 우리가 모르는 또 다른 섭리가 있는것 같다.

박순녀 선생의 소설에서 읽어본 장면이 있다. 제목도 게재지도 기억나지 않지만 장면은 선명하다. 소설의 스토리를 끌고 나가는 화자의 친척중에 이북에서 피난 나온 사람이 있다. 그는 서울 변두리로 돌아다니며 빈터만 보면 밭을 일구고 농사를 짓는다. 빈터의 주인을 찾아 양해를 구하거나 허락을 받는 일 같은 것은 없고 그냥 농사를 짓는다. 나도 이남땅에 바늘 하나 꽂을 땅이 없다. 그러니, 내 아이들에게 물려줄 땅은 더욱 없다. 자연히 땅에 대한 애착이 커진다.

영랑호반의 비탈밭 할아버지는 가끔 경운기를 몰고 호의 상류쪽으로 가는 것을 보니 논 농사도 짓는 모양이다. 부부가 쉬는 틈을 타 수인사라도 나누고 싶어 밭 가장자리에서 한참을 서성거렸다. 두 분을 보니 서쪽으로 기우러진 해를 등에 지고 내 앞으로 오는 두 분이 땀 두성에다 여름의 햇빛에 끄슬려 얼굴의 윤곽이 분명치 않다. 그 뿐아니라 사람과 흙도 구별 짓기 힘이 든다. 사람이 흙이고 흙이 사람이고 또 땅이다. 난 아무말도 붙이지 못하고 아파트 쪽으로 올라간다.

'이팝과 고깃국' 은 작고한 북한 수상이 백성들에게 '이팝과 고깃국' 을 먹이겠다고 해 회자되기 시작했는데 사실은 이북의 모든 할아버지와 할머니들이 늘상하는 말이다.

나는 세 면이 산이나 언덕으로 쌓여 있고 한쪽 귀퉁이만 바다에 면해있는 마을에서 태어나고 자랐기 때문에 주식이 조나 감자 또는 콩이었다. 조밥을 먹는 날이 많았는데 때에 따라선 세 가지가 한데 엉켜 있는 밥그릇과 마주 앉아야만 되었다.

마른 밥은 자연히 목구멍으로 잘 넘어가지 않았다. 그래서 물에 말아 먹는 것이 한끼를 떼우는데는 제일 좋다고 생각하며 성장해 왔다.

명절이나 제삿날에 마주 앉아 보는 이팝과 고깃국 밥상은 맛이있고 목구멍으로 넘어가는 것도 부드러워 항상 기다려지는 음식이지만 자주 마주 앉아보는 음식은 아니었다.

할아버지와 할머니는 어린것들에게 항상 이팝과 고깃국을 먹이고 싶어 하셨지만, 그것은 어디까지나 마음일뿐 현실은 그렇지 못했다. 그래서 이팝과 고깃국이란 말이 회자되었을때 사람들은 할아버지와 할머니의 마음을 생각하기보다는 북한의 실상을 비판하는 쪽으로 초점을 돌렸다.

어릴때 밥 이외의 음식으로 맛을 본 게 국수와 냉면, 감자떡과 콩떡, 지짐이 등이었는데 우리 식구들은 국수와 냉면을 좋아한 것 같다. 특별히 우리고장의 냉면은 농말이 주를 이루고 밀기루가 약간 섞여 면발이 질겼다. 고추장과 식초를 친 참가자미회에 절인 살이 쫄깃해 입안을 휘젓고 다녀 맛이 좋았다.

빈대떡같은 지지미는 녹두와 겟살을 버무려 후라이팬에 익히는데 털게살로 만든것이 맛도 있고 먹기에도 편했다.

반세기가 지났는데도 어릴때 먹던 음식 맛은 지금도 입속에 침이 고이게 한다.

일요일이면 큰 일이 없는 한 모든 가족이 함께 외식을 한다. 아이들이 초등학교에 다닐 때부터였으니까 삼십 년이 넘었다. 우리 가족이 일요일 점심시간에 먹는 음식은 함흥냉면인데, 서울에는 함흥면옥이 참 많다. 그 중 중구 오장동에 세집이 모여 이다. 두 개는 나란히 있고 다른 하나는 옆길 건너에 있다. 길 건너 집은 흥남면옥이고 두 개 나란히 있는 것 중 오른쪽 옥이 신창집이고 왼쪽옥이 함흥집이다. 세집의 냉면 맛은 유사한 것 같지만 조금씩 차이가 난다. 물기가 있고 약한 질척한 것은 흥남집과 신창집이고 함흥집은 수분이 많지 않아 목구멍으로 넘기기 힘드나 감칠맛이 난다. 친구들 중에는 흥남집이 좋다고 그 집에만 가는 사람이 있는가 하면 신창옥으로만 들리는 사람도 있다.

우리 가족은 함흥옥 단골인데 옛날 카운터에 앉아 있던 할머니는 보이지 않고 딸이나 며느리인듯한 아주머니가 반기지도 아는 체도 하지 않고 앉아 있다. 손님에 대한 예의는 갖추는 것 같은데 흐트러짐이 없어 냉면맛과 비슷하다는 생각을 한다.

함흥냉면은 맵고 질기다. 성인들은 참을성 있어 맵고 질긴 냉면을 잘드는 편이다. 그러나 어린이들은 음식을 심심하게 부드럽게 먹는다. 갑자기 자극적인 음식이 입속으로 들어가면 민감하게 반응한다. 참고 먹거나 도망치기 십상이다. 우리 막내와 냉면과의 만남을 자세히 관찰해 보았다. 처음엔 양념없는 면발만 먹인다. 끊어지지 않는 면발을 재미있게 입속으로 빨아 넣는 훈련을 시킨 다음 사리 한 그릇을 막내 몫으로 더 주문한다. 막내가 면발뿐인 사리에 익숙한 다음 함흥냉면과 가까워지게 한다. 냉면 한 그릇엔 삼수갑산의 감자와 동서남해의 물고기가 다 들어 있다.

막내가 십여 년간의 유학과 직장 생활을 마치고 인천공항으로 귀국했을 때 그녀는 신촌에 있는 집에 들리지 않고 서울 중구 오장동 함흥냉면집으로 향하자고 했다. 막내 사위도 그녀의 의견에 동의해 우리는 대식구가 되어 함흥냉면집으로 향했다.

큰손녀 다희(11)는 미국 오레곤주 출생이고 작은 손녀 소희(8)는 영국 버밍험에서 태어나 일단은 우리 땅과 풍토에서 자란곡식과 관계없이 자라 우리음식과의 만남에 특별히 신경썼다. 음식에 관한한 까다로웠던 리듬체조선수 출신의 며느리 여경은 다희와 소희에게 김치와 밥만 먹였다. 김치는 물에 씻어 매운맛을 없애고 밥은 물에 말아 먹였다. 손녀 둘은 학교에 입학하기 전까지 물만 말아 먹었다.

우리가족의 일요일 점심식사 행렬은 더 길어졌다. 어른 여섯에 어린이 두 명. 처음 쭈뼛거리던 아이들에게 면발만 입에 넣어주었다. 작은 입에 면발을 밀어 넣어주니 쪼로록 잘도 빨아당겼다. 그 다음은 냉면 사리를 하나 시켜 주었다. 그것도 문제없이 먹어 치웠다. 다희는 이제 어른들 냉면 한 그릇을 다 비운

다. 소희는 사리 한 그릇을 비우고 언니의 냉면 그릇에 관심을 가진다.

내 동생 명자는 내가 군대생활 하던 중에 뇌염으로 병사했다. 변두리 양지바른 언덕에 묻었는데 도시가 커지면서 이장 공고가 나왔다. 형과 친구 봉철이와 나 셋이서 무덤을 파고 한지를 펴고 그 밑에 널빤지를 깔고 시신을 편안하게 눕혔다. 그리고 곱게 싸서 안고 범바위가 내려다 보이는 언덕에 묻었다.

세월이 지난 다음에 가서 보니 동생의 무덤은 찾을 길 없고 골프장이 들어서 있었다.

퇴직하고 이곳에 와 정착하자니 자연히 집을 빌리게 되었다. 영랑호반 범바위 근처다. 봄에 소쩍새가 울면 나는 그 소리가 동생의 속삭임이나 노래소리일 것이라고 생각하며 지낸다.

호수로 향한 창밖에 단풍나무 한 그루 서있는데 열다섯 살은 된 것 같다. 동생이 세상 떠날 때와 나이가 비슷하다.

창밖의 여린 단풍잎이 흔들린다.

아래에서 위로, 위에서 아래로 흔들린다.

바람은 아닌 것 같다.

빗방울이 일까?

하늘이 청명하다.

또 보았다.

엄지만한 딱새가 잎에서 잎으로

아래에서 위로 건너뛴다.

사람은 죽어 육신을 땅에 묻는다. 땅속엔 벌레와 미생물이 살고 있다. 그것들은 육신을 썩히고 해체시킨다. 육신은 땅이 된다. 땅은 씨앗의 순을 틔우고 줄기와 잎을 키우고 꽃과 열매를 맺게 한다. 소와 말과 양이 풀과 꽃을 먹고 사람이 곡식을 먹는다. 땅의 식물과 나무는 대지의 전령이다. 그들은 쉬지 않고 땅속의 소식을 지상에 전한다. 하늘의 바람과 구름은 비를 뿌려 땅속의 생명체를 키운다.

이팝과 고기국은 땅과 사람과 하늘과 할아버지와 할머니의 마음이 만들어 내는 음식이다.

부부의 끈

창동행 버스에 몸을 맡긴 경일의 심정은 착잡하기만 했다.

"오늘 퇴근하자마자 집에 와야겠다."라고 이쪽의 사정은 아랑곳하지 않고 명령조로 말하고 전화를 딱 끊어버리는 매형의 음성에는 분명 노기가 서려 있었다.

서울 생활 시작한 지 삼 년밖에 안 되는 경일의 누나나 매형이 경일에게 전화하는 경우는 그렇게 흔치 않았다.

경일은 누나네로부터 경사스러운 소식이라던가 고향 안부 정도의 전화는 받아 본 적이 없었다. 그런 전화라면 경일은 기쁘게 받았을 것이다.

그런데 누나네가 직접적으로든 간접적으로든 소식을 전할 때는 항상 해결해야 할 어려운 일이 있을 때였다. 누나의 하나밖에 없는 아이가 교통사고가 났을 때, 집주인이 전세방 값을 올렸을 때, 또는 매형이 술을 마시고 싸우다 파출소에 잡혀갔을 때 등이었다.

경일이가 남달리 유능하고 경제적으로 안정이 되어 있다면야 누나네의 어려운 일들을 손쉽게 해결할 수 있었겠지만 그 또한 고학으로 겨우 대학을 졸업하고 별로 신통할 것도 없는 회사의 말단사원으로 근무하는 처지에 누나의 사정까지 해결해 주어야 하니 보통 신경이 쓰이지 않았다. 그래서 누나네로부터 전화 왔다고 동료 사원이 수화기를 건네면 먼저 가슴이 덜컹거리고 겁부터 나던 터였다.

그런데 오늘 전화는 매형이 전후 사정을 알리지도 않고 "퇴근하자마자 집에 오라."라는 명령이었다.

경일은 누나와 매형이 어떻게 되어 결혼하게 되었는지 잘 모르고 있다. 경일이가 서울서 학교 다니는 동안 누나와 매형이 사귀게 되었고 그가 군에 가 있는 동안 두 사람은 결혼하게 되었다고 어머니가 남의 이야기 하듯 들려 주었다.

경일이에게는 하나밖에 없는 누나이고 둘 사이가 각별했는데 어머니가 남의 이야기를 들려주듯 하는 것을 보면 분명히 심상찮은 이유가 있는 듯했다.

그러나 경일은 어머니나 누나에게 더는 캐묻지 않았다. 이미 결혼해서 같이 사는 사이인데 동생이 그들 사이에 끼어들어 어떻게 하겠단 말인가.

경일은 누나와 매형이 그저 행복하게 살기만을 바랐다.

경일의 누나는 남달리 정이 많았다. 누나는 경일이보다 세 살 위였는데 학교는 이년 앞서 다녔다. 경일이가 학교에서 나른 아이들에게 얻어맞는 편이라면 누나는 아이들을 슬하에 거느리고 다니는 리더격이었다. 만사에 경일이가 시라소니같이 어쭙잖게 행동하는데 비하여 누나는 철저했다.

소풍 갈 때 어머니가 과자를 똑같이 나눠 주면 경일은 학교에 도착하기 전에 그것을 다 먹어 치우지만 누나는 자기 것을 남겨 집에 와서 경일에게 주곤 했다. 그뿐 아니라 누나는 경일을 힘센 다른 아이들로부터 보호해 주는 울타리 구실도 해 주었다. 그런 누나가 중학교를 마치고 더는 진학하지 못한 것도 따지고 보면 경일이 탓이라고 할 수 있었다. 아버지가 사업에 실패했다고 하지만 누나를 고등학교에 보내지 못할 정도는 아니었다.

그러나 누나는 경일의 장래를 생각해 스스로 학업을 포기하고 집안일을 돌보았다.

경일은 그런 누나에게 고마움과 미안한 마음을 동시에 지니고 살았다. 그래서 좋은 남자를 만나 행복하게 살기를 간절히 바랐다.

그런데 매형이라는 사람은 한 가정의 가장이 되기에 적당하지 않은 사람이었다. 결혼하고 친구들이 있는 서울로 올라가서 취직을 하겠다고 벼르던 사람이 처가살이 삼 년을 넘겼다. 그간 누나는 부모님의 눈치를 보느라 궂은일은 다 도맡아 했다. 매형이라는 사람은 돈을 벌기는커녕 갖다 쓰면서 뜬구름 잡는 이야기만 했다. 단돈 몇만 원도 구해오지 못하는 주제에 항상 몇천만 원짜리 사업만 구상했다.

경일은 누나에게 이혼이라는 것을 생각해 보라고 했다. 옛날과 달라서 요즘은 이혼하고도 꿋꿋이 살아가는 여인들이 많다고 했다. 경일이 누나는 자신이야 이혼해도 별일이 없지만 아이는 어떻게 하느냐고 했다. 그때 경일은 아들은 자기에게 맡기라고 했다. 삼촌이 되어서 조카 하나는 대학교에 보낼 수 있다고 했다. 그러면서 누나는 운이 좋으면 새사람을 만나 행복해 질 수도 있고 재혼을 하지 않더라도 지금 보다는 훨씬 나은 생활을 할 수 있지 않으냐고 했다. 그러나 경일의 누나는 이혼에 대해서는 생각해 보지도 않겠다고 말했다.

그런 누나가 매형에게 이혼 제의를 한 것은 백부를 만나고 나서였다. 할아버지 제삿날에 허드렛일을 돌보던 누나에게 백부께서 넌지시 말을 걸었다.

누나의 기억으로 자기의 짧은 생애에서 백부가 직접 말을 한 것은 처음이었다. 처녀일 때에는 인자한 얼굴로 자신을 바라보던 백부가 결혼한 다음부터는 퉁퉁 부어서 못마땅해한다는 것을 알고 있었다.

"사람이란 혼자 사는 게 아니어. 이 마을에 너의 집만 있는 게 아니여. 우리 집도 있어. 너희들 우리 체면도 생각해야 쓰겠다."

그 다음 날 경일이의 누나는 매형에게 이혼하자고 했다. 매형은 당황하면서도 반 농담으로 받아넘기려 했다.

그러나 경일의 누나는 입을 꼭 다물고 그의 허드레에 답하지 않고 단순하게 말했다.

"이 동네에서는 창피해서 살 수 없어요. 굶어 죽더라노 아는 사람이 없는 데 가서 살아야지 여기서 이렇게 살려면 이혼해요. 아이는 내가 키우겠어요."

그래서 경일의 누나네는 서울로 이사 왔는데 매형의 태도는 이사 전과 다른 게 없었다. 오히려 나쁜 버릇이 하나 더 생겼을 뿐이었다. 돈이 어디서 생기는지 매일 술 취해 집에 들어와서는 주정을 하기 시작했다.

"이북에서 우리 집 머슴 하던 놈들이 돈을 벌었다고 나를 괄시하고 너도, 네 동생도 날 얕보고 있지!"

버스가 창동에 도착하자 경일은 차에서 급히 뛰어내려 수락산 쪽으로 향했다. 개천을 건너고 골목을 돌아 누나네 단칸 셋방에 이르니 매형은 간데없고 누나만 눈이 퉁퉁 부어 있었다.

"아니, 어떻게 왔어?"

"매형이 오라고 전화했어. 또 싸웠어?"

"아이고, 그 인간이 그게 무슨 자랑이라고 전화를 해."

"무슨 일이야. 왜 싸웠어?"

누나는 못 배운 것이 한이라서 아들 하나만은 제대로 공부시켜야겠다고 보따리 장사에 파출부로 뛰면서 열심히 돈을 모았다고 했다.

"그런데 그 인간이 아들아이 유치원에 등록금 갖다주라고 했더니 그것으로 술을 마셔 버렸어."

"애들 데리고 내 하숙으로 가. 짐을 싸."

"그래 가야겠어, 이번엔 못 참겠다."

그때 매형이 들어왔다. 그는 기세 당당하게 경일이 앞으로 오더니, 손짓을 하며 "아, 너희 집에선 자녀교육을 어떻게 시켰기에 저 애가 내 얼굴을 이 꼴로 만들어?" 하고 대들었다. 매형의 얼굴에는 누나의 손톱자국이 있었다.

"나 저 여자하고 못 살아, 데리고 가."

"데리고 가라니?"

경일도 더는 참을 수 없어 반말하고 말았다.

"네 집에 데리고 가. 난 저런 년 하고는 못 살아!"

경일은 더는 참을 수 없었다. 매형이 누나와 결혼한 지난 십여 년간의 삽화가 한꺼번에 눈앞에 스쳐 지나갔다. 그것은 누나의 아픈 모습뿐이었다.

그래서 그는 매형의 어깨를 밀쳐 버렸다. 매형은 짚더미같이 허무하게 마당구석에 가서 박혔다.

바로 그때 예상치 못한 일이 벌어지고 말았다. 그 일은 경일이 누나가 일으켰다.

"야, 이 새끼야 먹지 못해 힘도 없는 우리 집 양반을 왜 때리고 밀치는 거야."

경일의 누나는 마당에 쓰러진 매형을 일으켜 세웠다.

"때리긴 누가 때렸다고 해."

경일이도 지지 않았다.

"아침도 제대로 못 먹고 허기진 사람을 왜 때려, 나쁜 자식!"

누나는 경일의 목덜미를 잡고 매형을 할퀴던 손톱으로 그의 얼굴을 할퀴려고 했다.

누나와 매형의 모처럼 다정한 모습을 뒤로하고 경일은 창동에서 발길을 돌렸다.

수락산 계곡의 얼음장 밑으로 가느다란 물소리가 들렸다.

부부의 끈이란 그렇게 탄탄하고 끈적끈적하게 연결되고 있다는 것을 경일은 그제야 알았다.

오봉가는 길

언젠가 아시아인들이 모인 국제회의에서 라오스 대표가 날보고 매주일 교회에 가느냐고 물었다. 그렇다고 했더니 부러워하는 눈치였다. 라오스에서는 기독교 명절이나 특별한 때에만 교회에 가는 것 같았다.

어릴 때부터 다니기 시작한 교회생활이라 특별한 일이 생기지 않는 한 교회에 나가는 편이다. 시골에 내려와 다닐 교회를 정하려니까 쉽지 않다. 나는 루터교 교인이다. 종교개혁자 마르틴 루터를 따르던 사람들이 모여서 만든 개신교의 한 교파다. 미국의 일부 주, 독일에 루터파 교인들이 많고 북구는 루터교가 국교다. 예배의식이 가톨릭과 유사하다. 특히 주일마다 성례 전을 집례하는데 그것이 연극으로 치면 예배의 클라이막스다.

내가 이사하여 살고 있는 소도시에는 루터교회가 없나. 주일마다 성례 전에 참여하고 싶어도 참여할 수 없다. 그렇다고 교회 예배에 빠진다는 것도 마음이 편하지 않다. 자연히 출석할 수 있는 개신교를 둘러보게 되었다. 집 앞에도 교회가 있고 근처에도 있다. 편리하게 다닐 수 있는 곳을 선택하면 된다고 하겠지만 교회 문제는 그렇지만은 않은 것 같다.

맨 처음 노크한 곳은 어릴 때 다니던 J교회다. 인근에서 매우 큰 교회로 소문나있고 출석교인도 천여 명은 되는 것 같다. 옛날 교회가 있던 자리엔 다른 건물이 있고 교회는 넓은 터를 장만하여 옮긴 모양이었다. 크고 웅장한 건물은 낯설었지만 아는 얼굴도 보이고 반갑게 손을 잡는 사람도 있고 해서 첫인상은 괜찮은 편이었다. 크지 않는 소도시의 웅장한 교회는 중세 도시의 성당과 같이 마을 전체를 지배하는 것 같았다. 한복을 깨끗이 차려입고 세련된 몸짓으로 교인들을 인도하는 권사님들은 단아하고 우아했다. 반갑게 소리 지르며 옛날을 회상하는 장로도 있었다. 그러나 교회장식과 그곳 예배에 참석한 교인들과 나 사이에는 거리가 있음을 느꼈다. 다른 교회예배에 몇십 년간 익숙한 탓일까. 어릴 때 어머니 같이 품어 주시던 할머니 권사님도 집사님들도 보이지 않는다. 내가 너무 늙어서 왔으니까 참아야 된다고 다짐해 보지만 물위에 뜬 기름이다. 미국이나 유럽교회에 들렸을 때 이방인을 반갑게 맞고는 제단을 향해 견고하게 앉아있는 백인들의 세련된 등과 나 사이의 좁힐 수 없는 거리감. 그 거리감을 나는 한국 땅에서 경험하고 있다.

평소에 가깝게 지내던 환경운동가 장석근 목사가 시무하는 오봉교회로 찾아가기로 마음먹었다. 간성에 있는 오봉교회는 속초에서 북쪽으로 60리는 가야 한다. 왕복 120리나 되니 거리가 만만치 않다. 오봉은 마을에 산봉오리 다섯 개 있어 오봉리가 되었다는 설도 있고, 금강산 첫 봉우리가 신선봉이고 제5봉이 오봉에 있어 오봉리란 말도 있다. 마을에 오래된 북방식 기와집이 많은데 고려 말 궁인들이 피신하여 봉우리 사이에 집을 짓고 살아서 왕곡마을이라고도 한다. 마을은 봉우리 덕으로 임진왜란, 병자호란, 6 · 25를 다 피해 옛 모습이 그대로 보진되이 있다. 현재는 문화재청의 소유로 고성군이 관리하고 있다.

오봉교회는 1919년 3 · 1 운동 때 문을 연 100년 되어가는 교회다. 20평도 채 안 되는 교회는 마을의 정면이나 입구에 자리 잡은 것이 아니라 왼쪽으로 약간 비껴나 서있어 눈에 잘 띄지 않는다. 의자도 없는 마룻바닥교회인데 방석 깔고 앉는다. 낡은 피아노와 풍금이 있다. 제단은 둥근 통나무 토막이고 설교대는 있다. 설교대 옆의 정면 벽은 절기에 따라 보의 색깔이 변하는데 목사님은 그 벽에 계절과 주제에 맞게 그림이나 꽃, 나뭇잎으로 아름답게 장식한다. 제단에는 항상 들꽃 한 송이가 있다. 교인은 어린이들을 합쳐 70여명이 될까? 나이 드신 분은 김윤희 권사님을 필두로 여자권사님들이 여섯 일곱 분이 된다. 나머지는 청장년이다. 구제역이나 독감 바이러스가 마을을 덮치는데도 교인들은 예배가 끝나면 허그(포옹)를 한다.

포옹은 동성끼리만 허용된다. 교회의 매력중의 하나가 여자권사님들인데 인상과 몸가짐이 모두 박수근 선생의 그림 '빨래터' 에 나앉은 아주머니나 어머니 같다. '시장 다녀오는 여인', '고목과 아이를 업은 여인' 도 있다.

형제 중 막내로 태어난 목사님은 지난주 설교시간에 어렸을 때 오줌을 싸 채 쓰고 소금 얻으러 간 이야기를 했다. 교인 석에 안아 있던 제일 나이 많이 든 연무 할머니가 "그게 무슨 자랑이라고 얘기 하는가!"고 핀잔이다. 할머니는 목사님에게 불만이 많다. "교회에 득실거리는 노처녀들을 시집도 못 보내니. 능력이 없다"는 것이다. 목사님은 송지호의 오리와 영랑호의 백로와 쇠기러기 걱정을 많이 한다.

나는 주일 아침이면 예배 한 시간 전에 집을 나선다. 영랑호 하구를 돌아 7번 국도를 타고 북쪽으로 가다 우회전해서 아야진 포구에 들린다. 요즘은 도루묵과 양미리가 한참이다. 포구를 벗어나면 갯바위인데 낚시꾼들이 갯바위에 하얗게 달라붙어있다. 고등어 잡이를 한다. 아야진 해수욕장의 백사장은 모래알이 작아 곱다. 바닷물은 비취빛을 띈다.

백도 해수욕장과 자작도 해변은 평화롭다. 두 해변 가운데 문암 포구가 박혀 있다. 포구의 물이 맑아 수심 깊이 까지 드려다 보인다. 공현진을 지나 죽왕 초등학교 앞에 이르면 좌회전 한다. 송지호 상류를 돌면 갈대밭 사이에서 갓 태어난 오리들이 앙증맞게 물살을 가르며 인기척을 피한다. 교회 앞에 서면 호수와 바다에 씻긴 내 마음은 정결하다.

예배 중에 눈이 오기 시작한다. 예배가 끝날때쯤 눈발은 제법 커진다. 월요일에 서울 올라가 할 일이 있는데 언제 떠났으면 좋겠냐고 물으니, 모두들 지금 떠나는 것이 좋겠다고 한다. 미시령으로 가지 말고 대관령 쪽으로 가라고 한다. 내일은 눈이 더 많이 내릴 가능성이 있다고 한다. 강릉 쪽으로 방향을 돌리고 J교회 옆으로 지나간다. 자동차 백미러 속으로 J교회 청탑이 지나간다. 청탑위의 십자가에서 예수님이 눈을 뒤집어쓰고 있다. 몹시 추운모양이다. 떨고 있다. 자세히 보니 말하고 있다.

"나 여기에도 있어."

눈은 더 세차게 내리고 있다.

초판인쇄 2012년 2월 1일
초판발행 2012년 2월 5일

지은이 이반 (이명수)

펴낸이 김대근

카피라이터 박형준, 이동훈

펴낸곳 숭실대학교 출판국
서울 동작구 상도로 369

등 록 제14-2호(1982.1.25)
TEL.02-820-0771~2
FAX.02-817-5297
http://press.ssu.ac.kr

찍은곳 한컴인쇄정보
TEL.02-2274-3394~5
FAX.02-2274-3397

값 14,000원

ISBN 978-89-7450-279-9 03810